＜シリーズ＞
政権交代期における政治意識の全国的時系列的調査研究

飯田　健
有権者のリスク態度と投票行動

木鐸社

<シリーズ>
政権交代期における政治意識の全国的時系列的調査研究

序文

　投票行動研究は，民主主義の要となる選挙の機能を明らかにするという現実的なレリヴァンスをもつとともに，政治学や社会学など諸分野からのアプローチにより進められるという点で，社会科学上の重要な結節点でもある。われわれの研究も，1983年のJES調査以来続けられている投票行動の全国的・時系列的調査研究の基盤を明確に継承しつつ，今日的要請に応えるべく新しい視点を加え，JES V（Japanese Electoral Studies V）としての全国時系列調査を実施し，政権交代期における民主主義を体系的に解明することを基本目的とし，2012〜2016年度文部科学省科学研究費補助金特別推進「政権交代期における政治意識の全国的時系列的調査研究」（研究代表者：小林良彰，研究分担者：谷口将紀，平野浩，山田真裕，名取良太，飯田健）により実施している。「政権交代期における政治意識の全国的時系列的調査研究」と名付けられた，このシリーズはそうした研究成果の一部をとりまとめたものである。

　われわれの研究は，投票行動の全国的・時系列的調査研究を基礎としつつも，1960年代からの過去の研究資産を活かし，政治学の新しい視点から再構築し，従来の投票行動研究を発展させること，また，日本における主要な政治意識調査として，現在強く要請されている社会科学における学術データベースの構築と国内外への公開，それを通じての国際比較研究の推進，研究成果の発信にも貢献することを目的とする。具体的には，下記の点についての研究を実施している。

1．選挙研究から民主主義研究への進化：投票行動や選挙結果を被説明変数ではなく説明変数としても扱い，民主主義の動態を解明する。
2．多角的データの融合による政治研究の飛躍的発展：選挙結果・選挙公約・議会議事録・予算配分など政治過程の諸データと接合し，調査データの有用性を拡大する。
3．マルチメソッドによる分析：従来の面接調査による結果と郵送調査・インターネット調査・電話調査による結果を比較することで，新しい意識

調査の方法論を構築する。
4．政治意識の形成と変容の解明：40年以上継続する投票行動の全国的・時系列的調査研究の基盤を継承し大規模な全国パネルデータを収集・整備する。
5．知的資産の社会的還元及び国際的発信：調査データを公開することにより，海外の選挙研究・日本政治研究の発展に貢献する。このことを通して，民主主義の解明を目指す多角的研究を進めるとともに，国内外の学術及び社会に知的資産を還元することが，本研究課題の独創性と意義である。

こうしたわれわれの研究では，日本における多数決型代議制民主主義の機能について検証する。具体的には，(1)「競合する政策エリートが提示する公約に基づいて市民が政策エリートを選択している（イシューヴォーティング）かどうか」（代議制民主主義の事前的側面），(2)「選出された政策エリートが公約に基づいて国会で議論して政策形成を行っている（選挙公約と国会活動の一致）かどうか」（代議制民主主義の代議的側面），(3)「市民が選択した政策エリートが形成する政策に対する評価に基づいて，次の政策エリートを選択している（レトロスペクティブヴォーティング）かどうか」（代議制民主主義の事後的側面）について分析を進め，「市民が政策エリートに民意を負託し，選出された政治家が国会で議論した結果として形成される政策に対する市民の評価が，次の政治家選出につながる」という代議制民主主義が，日本においてどのように機能しているかを明らかにする。そのために，われわれは分析にあたって次のテーマを設定した。

1．選挙公報の認知と投票行動の関係：代議制民主主義の事前的側面を主観的調査データだけでなく，客観的内容分析データを用いて検証する。
2．批判的投票者の形成要因と変容要因：政党や政治家に対しては批判的であっても民主主義そのものは高く評価する「批判的投票者」の形成要因及び変容要因を意識調査により解明する。
3．選挙公報と議会行動の関係：代議制民主主義の代議的側面を検証する。民主主義の指標化について，従来の外形的変数によらず，選挙公報と国会議事録の内容分析を用いた「機能」に着目した新しい指標を構築する。
4．政策パフォーマンスと次回投票行動の関係：代議制民主主義の事後的

側面を主観的な調査データだけでなく，客観的内容分析データを用いて検証する。
5．選挙運動の動員効果：代議制民主主義の環境（動員活動）が投票行動に及ぼす効果を解明することにより，如何なる動員が効果を持つのかを解明する。

　これらの分析を通じて，日本における代議制民主主義の機能を解明するとともに，民主主義の理論的仮説やモデルに対する理論的な貢献も果たしていく所存である。

シリーズを代表して
小林良彰

目次

- 第1章　安倍政権の誕生，強化，持続 …………………………… 11
  - 本書の概要………………………………………………………… 13
  - 使用するデータについて………………………………………… 19

- 第2章　リスク態度の概念と測定 ………………………………… 21
  - リスク態度の概念………………………………………………… 22
  - リスク態度の測定………………………………………………… 23
  - 本研究でのリスク態度の尺度…………………………………… 30

- 第3章　政権交代－2012年12月衆院選 …………………………… 39
  - リサーチクエスチョン…………………………………………… 40
  - 理論的検討と仮説………………………………………………… 45
  - データ分析………………………………………………………… 47
  - まとめ……………………………………………………………… 54

- 第4章　政権基盤の強化－2013年7月参院選 …………………… 57
  - リサーチクエスチョン…………………………………………… 58
  - 理論的検討と仮説………………………………………………… 61
  - データ分析………………………………………………………… 65
  - まとめ……………………………………………………………… 74

- 第5章　政策変更－2014年7月閣議決定 ………………………… 77
  - リサーチクエスチョン…………………………………………… 78
  - 理論的検討と仮説………………………………………………… 80
  - データ分析………………………………………………………… 84
  - まとめ……………………………………………………………… 91

- 第6章　政権の評価－2014年12月衆院選 ………………………… 93
  - リサーチクエスチョン…………………………………………… 94
  - 理論的検討と仮説 ………………………………………………… 98

| データ分析 ………………………………………………………… 102
| まとめ …………………………………………………………… 107

第7章　政権への抗議活動－2015年9月安保法成立後 ……… 109
| リサーチクエスチョン …………………………………………… 110
| 理論的検討と仮説 ………………………………………………… 115
| データ分析 ………………………………………………………… 117
| まとめ …………………………………………………………… 129

第8章　リスク態度と政治家－政党への信頼 ………………… 133
| リサーチクエスチョン …………………………………………… 134
| 理論的検討と仮説 ………………………………………………… 138
| データ分析 ………………………………………………………… 140
| まとめ …………………………………………………………… 145

第9章　リスク態度の決定要因 ………………………………… 147
| 探索的分析 ………………………………………………………… 148
| 実験による検証 …………………………………………………… 158
| まとめ …………………………………………………………… 162

第10章　リスク受容的有権者と代表民主制 ………………… 165
| 代表民主制の機能 ………………………………………………… 165
| 有権者の能力 ……………………………………………………… 166
| 有権者と政治家との間の情報の非対称性 ……………………… 168
| 残された研究課題 ………………………………………………… 171

参考文献 ……………………………………………………………… 172

あとがき ……………………………………………………………… 179

索引 …………………………………………………………………… 184

有権者のリスク態度と投票行動

第 1 章
安倍政権の誕生，強化，持続

　2012年12月26日に発足した安倍政権は，経済政策，安全保障政策の面で大きな現状変更を掲げる政権である。経済面では，前例の無い規模での金融緩和をはじめとするいわゆるアベノミクスと呼ばれる一連の経済政策。そして安全保障面では，自衛隊の役割の拡大による日米同盟の強化。こうした安倍政権による大胆な現状変更を可能にしているのは，積極的であれ消極的であれ，結局のところ安倍政権に対する有権者の支持である。すなわち，安倍政権は有権者の支持を受け誕生し，強化され，政策を実行し，持続している。

　本書は，このような有権者の支持について，大きな現状変更を掲げる政党に対する，リスク受容的な有権者の支持という一貫した観点から理解を試みるものである。安倍政権の政策は大きな現状変更をもたらす分，不確実性が高い。良い結果をもたらす可能性がある一方，悪い結果をもたらす可能性も高い。現状が維持されることよりも，こうしたリスクの高い選択肢を受け入れることを好む有権者，すなわちリスク受容的な有権者こそが安倍政権支持の中心である。

　以上のような主張を展開するため，本書では時系列に沿って大きく次の7つの問いに取り組む。

1．2012年12月，自民党は衆議院議員衆院選で大勝し，第2次安倍内閣が発足した。このとき自民党は，無制限の金融緩和という過去に例を見ない極端な金融政策の実施を掲げていたが，なぜ有権者はこれを支持し，安倍政権を誕生させたのか。

2．さらに，2013年7月，自民党は参議院議員選挙でも勝利を収め，衆参両院で与党は多数派を占めることとなった。なぜ有権者は，より急激な政策変更を行うための強固な政権基盤を安倍政権に与えたのか。
3．また，それから約1年後の2014年7月，安倍政権は，憲法解釈を変更し集団的自衛権の限定的行使を認める閣議決定を行ったが，政権基盤が揺らぐことは無かった。なぜ有権者は，閣議決定による憲法解釈の変更という不規則な方法での安全保障政策の大きな変更を許容したのか。
4．2014年12月の衆院選でも再び自民党は単独で過半数を制し，公明党との連立与党で議席の3分の2を占めた。しかし一方で，共産党が得票を大幅に増やし，議席を倍増させた。何が自民党支持と共産党支持を分けたのか。
5．2回目の衆院選でも勝利した安倍政権は，2015年に入りいよいよ安全保障関連法案の成立に向けて動き出す。国会審議が進む中，人々の抗議活動は近年まれに見る規模にまで拡大した。このとき，何が政治参加の手段としてのデモの有効性を認める有権者と，そうでない有権者を分けたのか。
6．2009年に高い期待を受け誕生した民主党政権の失政は，有権者の間に政党一般への失望をもたらした。代表民主制において，自分が投票した政党に期待を裏切られたと有権者が感じることは，決して珍しいことではない。しかし，期待が裏切られるたびに有権者の間での政党や政治家，ひいては選挙という仕組み自体への信頼が低下するようでは，代表民主制の存続はおぼつかない。リスク受容的な有権者はこの点においてどのような役割を果たすのであろうか。
7．何がリスク受容的な有権者とリスク回避的な有権者とを分けるのか。リスク受容的な有権者は政治に何をもたらすのか。

　これらの問いについて有権者のリスク態度に焦点を当てつつ検討することを通じて，現在進行中の日本の選挙政治に一貫した理解を与えると同時に，より学術的には，有権者のリスク態度の理論の日本への応用可能性を検討する。ただし選挙における有権者のリスク態度の理論と言っても，潜在的な意義は認識されつつもアメリカやその他の国においても未だ確立されたものはなく，先行研究はわずかである。その意味で本書は，日本政治をケースとし

つつも,投票先の変更(第3章),分割投票(第4章),政策変更への支持(第5章),投票選択(第6章),投票外参加(第7章),政治信頼(第8章)といった様々な従属変数に対するリスク態度の影響を検証することで,有権者のリスク態度の理論一般についての貢献も目指す。これらが本書の研究の主要な意義である。

以下では,各章の内容について概要を述べ,各章の位置づけを示す全体の見取り図を与える。先にこれらを頭に入れておくことで,本書の主要な主張や各章の目的を見失うことなく,ややもすると冗長になりがちな,各主張の根拠となるデータ分析の結果を追うことができる。もちろん,この概要を読んで主張の根拠が気になった部分だけを参照するという使い方も可能である。

本書の概要

第2章「リスク態度の概念と測定」では,本研究が依拠するリスク態度の概念と尺度について論じる(日本政治に関する具体的な事項にのみに関心のある読者はこの章を読み飛ばしても支障は無い)。厳密にはリスク(risk)は不確実性(uncertainty)とは区別された概念である。前者は事象の発生する確率について客観的に数値を割り当てられる場合の不確実さである一方で,後者は主観的にしかそれができない場合の不確実さのことを指す。例えば,サイコロの出目に応じて利得が変わることはリスクである一方,売り上げが天候により左右されることは不確実性である。しかし厳密に前者のような不確実さは人間の社会活動においてほとんど存在しないし,また後者にしても,実際に不確実性を見積もる際には無意識的にではあれ,何らかの値を割り振ることになる。したがって,少なくとも現在の政治学において両者は相互変換可能な用語として定着しており,本書でもその用例に従う。すなわち,不確実性に対する選好,不確実性を好む度合いという意味で「リスク態度」という言葉を用いる。

こうした不確実性をどの程度人々は好むのか,そのリスク態度を経験的に測定するためにこれまでさまざまな尺度が用いられてきた。最も代表的なものが,例えば確実に500円がもらえるという選択肢と,50%の確率で1,000円もらえるが,50%の確率で何ももらえないという選択肢のどちらを好む

か，といった理論に忠実な実験によって絶対的なリスク態度を測定する方法である。

ただし，こうした方法で有権者のリスク態度を測定する上では2つの大きな問題が存在する。第一に，こうした方法で細かくリスク態度を測定するには，多くの質問を必要とするが，一般的な社会調査においてそのスペースを確保するのは困難である。第二に，リスク態度は一般的なものではなく，対象となる物事の性質や文脈に依存する。たとえば，競馬などのギャンブルではリスクを取りたがる人が，保険の購入を検討する際にはリスク回避的になる可能性がある。こうした問題をふまえて本研究では，先行研究を参照しつつ，いずれも1問でたずねることが可能な，一般的リスク態度を測定する質問と，経済政策の分野におけるリスク態度を測定する質問とを設定する。

第3章から第7章は，それぞれ先に挙げた1から5の問いに対応しており，リスク態度という概念を元に，サーベイデータ分析を通じて，2012年12月の衆院選から2015年9月の安全保障関連法案成立後までの，広い意味での選挙政治を読み解いていく。

第3章「政権交代―2012年12月衆院選」では，2012年12月の衆院選における民主党から自民党への政権交代を扱う。政権交代はしばしば急激な政策変化を伴い，その政策変化は経済や社会に良くも悪くも不確実性をもたらす。それゆえ，そうした不確実性を嫌うリスク回避的な有権者は選挙において，たとえ与党に不満を感じようとも野党に投票せず，再び与党に投票するか，あるいは棄権するであろう。反対に，リスク受容的な有権者は与党に不満を感じたときには，政権交代を求めて喜んで野党に投票するかもしれない。

こうした仮説にもとづく統計分析の結果，政党支持態度や経済評価の影響を考慮してもなお，2009年に民主党に投票したリスク受容的な有権者は2012年において自民党もしくは維新の会へと投票先を変える傾向にあった。一方，2009年に民主党に投票したリスク回避的な有権者は2012年においても民主党に投票し続ける傾向にあった。すなわち，有権者のリスク回避的な態度は野党に対する支持を弱める一方，リスク受容的な態度は与党から野党への投票先の変更を促しており，安倍政権誕生の背景にはこうしたリスク受容的態度をもつ有権者の存在があったことが示唆される。

第4章「政権基盤の強化―2013年7月参院選」では，2013年7月の参

院選における安倍政権による衆参両院の多数派の獲得，いわゆる「ねじれ」の解消を扱う。この選挙では，経済政策と安全保障政策をはじめとするさまざまな政策分野で現状変更を目指す安倍政権にさらに強固な権力基盤を与えるかどうかが問われた。安倍政権が強固な権力基盤をもつということは，経済政策，安全保障政策の面で現状変更が進められることを意味する。したがって，それによって生じる不確実性を嫌うリスク回避的な有権者は選挙において，改革志向の政権が大きな力をもつことを好まず，票を分割する一方，不確実性を好むリスク受容的な有権者は，票を分散させることなく自民党に投票するであろう。

こうした仮説にもとづく統計分析の結果，たとえ自民党を支持していたとしても，リスク回避的な有権者は，比例区と選挙区の両方で自民党に投票する傾向が弱い一方で，リスク受容的な有権者は，両方で自民党に投票する傾向が見られた。すなわち，リスク受容的な有権者ほど，安倍政権に両院で多数派の地位を与え，政策を推し進めることを支持したのである。

第5章「政策変更—2014年7月閣議決定」では，集団的自衛権の限定的行使を容認した2014年7月の閣議決定を扱う。2014年7月1日，安倍政権は集団的自衛権の行使を認めるために，憲法解釈を変える閣議決定を行ったが，これは日米同盟の抑止力強化を意図していた。しかし同盟強化という政策には抑止力強化という利益が期待される一方で，その政策によって損失が発生する可能性もある。それは，日本の軍事的役割を拡大し日米同盟を強化することで，アメリカの戦争に巻き込まれてしまう，という可能性である。したがって，他の要因を考慮した上でも，このような不確実性を嫌うリスク回避的な有権者は閣議決定を支持しない傾向が強い一方，不確実性を好むリスク受容的な有権者は支持を表明する傾向が強いであろう。

こうした仮説にもとづく統計分析の結果，政党支持などの影響を考慮してもなお，リスク受容的な有権者ほど，集団的自衛権行使容認を支持するという傾向が見られた。すなわち，リスク受容的な有権者ほど現状を維持することで日本を取り巻く国際環境が悪化するのを放置するのではなく，たとえ戦争に巻き込まれる可能性があったとしても，日米同盟強化により，抑止力が高まることを期待し，安全保障政策の変更を支持したと考えられるのである。

第6章「政権の評価—2014年12月衆院選」では，2014年12月の衆院選における安倍政権の再度の圧勝を受け，政権が持続した意味について検討

する。この選挙は安倍政権の誕生から2年が経過し，安倍政権による「ギャンブル」の結果を受け，それをどう評価するかが問われた選挙であった。この2年間，株価や有効求人倍率は上昇し続け高い値を維持する一方で，労働者の実質賃金は上がらず，新規の求人に占める非正規雇用の割合も増えた。こうした結果を受け，投票率が下がったにもかかわらず自民党圧勝の背後で共産党はこの衆院選で得票を伸ばし，議席を倍増させた。共産党は，安倍政権の進める経済政策，安全保障政策の両方で一貫して反対の立場を取っていた。このような共産党の立場は，これ以上「ギャンブル」を望まないリスク回避的な有権者に好まれたと考えられる。

　こうした仮説にもとづく統計分析の結果，政党支持などの影響を考慮してもなお，やはりリスク受容的な有権者ほど，自民党に投票する一方，リスク回避的な有権者ほど共産党に投票する傾向が見られた。つまり，この選挙で自民党支持，共産党支持を分けたのは，「ギャンブル」をさらに続けようとするリスク受容的態度と，「ギャンブル」にブレーキをかけようとするリスク回避的態度の違いだったのである。

　第7章「政権への抗議活動—2015年9月安保法成立後」では，2015年に盛んに見られた安保法制に対する人々の抗議活動の拡大に焦点を当て，どのような人々がデモという投票以外の政治参加に対してより有効性を見出すのか検証する。これまで日本の有権者はは他の国の有権者と比べて投票以外の政治参加を行う割合は低いとされてきた。また，投票外参加の決定要因についても，団体による動員以外の変数の説明力は低いとされてきた。これに対して本章では，デモが盛り上がった2015年において安保法制成立後の時期に行われた調査データを用いて，リスク受容的な有権者ほど，デモの有効性を認識する，との仮説を検証する。つまり，より直接的な政治参加の手段であるデモへの参加などはそのコストの大きさにもかかわらず成功する可能性は低いが，もし成功すれば効果は大きいためリスク受容的な有権者にとって魅力的な政治参加の手段であると考えられる。

　こうした仮説を検証するため統計分析を行ったところ，政党支持などの影響を考慮してもなお，リスク受容的な有権者ほど，自分の意見を政治に反映させる手段としてデモを有効だと思うという傾向が見られた。しかしながらこの傾向は，政党支持別に見た場合，与党支持者と野党支持者で大きく異なる。与党支持者の間ではリスク受容態度はデモの有効性を認識する度合いに

違いをもたらさないのに対して，野党支持者の間ではリスク受容的になるほどデモの有効性を強く認識する傾向があった。一方，与党支持者の間ではリスク受容的になるほど投票の有効性を強く認識する傾向があったのに対し，野党支持者の間ではリスク態度の違いによって，デモの有効性の認識に違いがなかった。すなわち，党派性の違いにより，リスク態度がどの政治参加の意欲を高めるのかが異なるということである。

続く第8章から第10章は，第2期安倍政権下の日本政治の時系列から離れ，より一般的に，リスク受容的な有権者の存在は代表民主制に対してどのような意味をもつのか検討する。

第8章「リスク態度と政治家－政党への信頼」では，政治家および政党は代表民主制において有権者の意見を政治過程に代表させる上で重要な機能をもつ。もし有権者が選挙で示される選択肢としての政治家や政党に対して強い不信感を抱くのであれば，代表民主制は機能しない。実際，2009年衆院選で民主党に期待して投票した有権者は，自民党に投票した有権者よりも，3年後の2012年衆院選前において，高い政党不信に陥っていた。

しかしそうした民主党に投票した有権者の中でも，リスク受容的な有権者ほど政党を信頼しているという傾向が見られた。リスク受容的な有権者は，現状よりも良くなる可能性もあるが悪くなる可能性もあるという意味での不確実性を許容できる一方，リスク回避的な有権者は悪くなるという可能性を許容できない。したがって，リスク受容的な有権者は政党に期待を裏切られた経験があっても，政党への信頼を低下させないのに対し，リスク回避的な有権者は政党に期待を裏切られることにより，政党への信頼を低下させるのだと考えられる。

第9章「リスク態度の決定要因」では，ここまでの章で示してきた有権者のリスク態度という変数の，近年の日本の選挙政治を解釈する上での有用性をふまえ，何がリスク受容的有権者とリスク回避的有権者とを分けるのか，さらには何によって有権者のリスク態度が変化しうるのか検討する。一般的にリスク態度を規定する要因として挙げられるのは，利益が確定した中での選択か，それとも損失が確定した中での選択か，という意思決定時のコンテクストである。人は利益が確定した中での選択ではリスク回避的になる一方，損失が確定した中での選択ではリスク受容的になるという傾向がこれまでも実験室実験によって確認されてきた。これに即して考えるなら，一般的

に将来にわたって良好な経済的見通しを持っている有権者ほど，リスク回避的になると考えられる。

　しかしデータ分析の結果はこれとは反対のものであった。2014年12月衆院選時においては，日本の景気についても自分の暮らし向きについても良くなると回答した有権者ほど，リスク受容的な態度をもっていた。これは，不確実性が高いが今のところ良好な結果を生み出している安倍政権の経済政策に明るい見通しを持っている有権者が，さらなるリスクを取ることに意欲を見せているものと解釈できる。

　また，弱肉強食的な価値観，他罰傾向，強いリーダーシップを求める態度，リアリスト的な考え方をもつ有権者ほど，リスク受容的だった一方で，将来について悲観的な見通しをもっているほど，権威主義的な価値観をもっているほど，保守的な社会的価値観をもっているほど，リスク回避的であった。これは，伝統や秩序を重視する旧来の保守的な考え方とは異なる，新自由主義的な考え方をもつ有権者がリスク受容的な態度をもち，安倍政権の誕生，政策変更，持続を可能にしていることを示唆する。

　第10章「リスク受容的有権者と代表民主制」では，これまでのデータ分析の結果をふまえ，リスク受容的有権者は日本の政治，とりわけ代表民主制に何をもたらすのか考察する。リスク受容的有権者は，代表民主制において「良い」効果をもたらすのか，それとも「悪い」効果をもたらすのか。最終章となる本章では，本書の知見をもとにかなり大胆な推論を交えつつ，こうした問題に若干の考察を加えたい

　なお，本書では「内閣」と「政権」という言葉を区別して用いている。「内閣」は行政権を担う最高機関を表す制度的な概念である。ある人物が初めて首相に選ばれたり，同じ人物が再び首相に選ばれたりすることで，そのつど内閣の「次数」が変化する。例えば2006年9月の小泉純一郎首相の辞職後に，安倍晋三が初めて首相に選ばれ組閣した内閣は第1次安倍内閣であり，2012年12月の衆院選後，安倍晋三が再び首相に選ばれ組閣した内閣は第2次安倍内閣である。さらには，2014年12月の衆院選後，安倍晋三が三度首相に選ばれ組閣した内閣は第3次安倍内閣である。一方「政権」という概念は，制度的なものではなく，権力の継続性を重視して「期数」を区別する。したがって安倍首相の場合，2006年9月から2007年8月まで継続し

て首相の座にあった期間は，第1期安倍政権，2012年12月以降，首相の座にあった期間は，第2期安倍政権と呼ぶことにする。すなわち，第1期安倍政権には第1次安倍内閣のみが含まれるが，第2期安倍政権には，本書執筆時の2016年3月現在，第2次安倍内閣と第3次安倍内閣とが含まれる。また本書で安倍政権というとき，特に断りが無い限り，それは第2期安倍政権のことを指す。

最後に，本書においては各章とも独立して読めるように，必要最低限で記述の重複が発生していることを予めお断りしておく。また本書の分析は，各選挙結果に対する包括的な説明を与えようとするものではなく，あくまでリスク態度という変数で安倍政権への支持は一貫して説明できる，ということを示す目的で行われている。各選挙での結果を説明する要因は，当然他にもさまざま考えられ，リスク態度だけで説明できるものではない。

使用するデータについて

本書における分析では，主としてJapanese Election Study V（JES V）のデータが用いられている。この調査は，文部科学省科学研究費補助金・特別推進研究（課題番号：24000002）「政権交代期における政治意識の全国的時系列的調査研究」に基づく「JES V研究プロジェクト」（参加者・小林良彰：慶應義塾大学教授，山田真裕：関西学院大学教授，谷口将紀：東京大学教授，名取良太：関西大学教授，飯田健：同志社大学准教授）が行った研究成果である。2015年12月現在JES Vには，2012年12月衆院選，2013年7月参院選，2014年12月衆院選の3回の選挙時有権者調査が含まれており，本書ではこれらすべてを用いている。JES Vの各データおよび，これ以外に本書の分析で用いたデータの詳細については，適宜本文中で説明している。

第2章
リスク態度の概念と測定

　不確実性は社会における人々の意思決定において必然的に存在する。それは当然，選挙についても例外ではない。選挙において，有権者は多かれ少なかれ，政党や候補者の掲げる政策について不確実性を感じている(Bartels 1986; Franklin 1991)。選挙の後，政党や候補者はどのような政策をどの程度実行するのか，またそれによって何が起こるのか。一般的にこうした選挙における不確実性を有権者は好まないため，不確実性の高い政党や候補者は選挙では不利になると考えられてきた(Davis, Hinich and Ordeshook 1970; Enelow and Hinich 1981; Bartels 1986; Alvarez and Brehm 1997; Hinich and Munger 1994)。したがって候補者たちは，選挙期間を通じて自らの政策について有権者が感じる不確実性を減らそうとするし，反対にネガティブキャンペーンを通じて対立候補の政策的立場の不確実性を増やそうとする動機をもつとされてきた(Austen‐Smith 1987; Franklin 1991; Cameron and Enelow 1992)。

　しかし，すべての有権者がそうした不確実性を嫌っているとは限らない。実際，Shepsle（1972）の先駆的な理論研究を土台として，2000年代以降の実証研究は不確実性を好む有権者の姿を描き出してきた(Morgenstern and Zechmeister 2001; Berinsky and Lewis 2007)。すなわち，より不確実性の高い政策を訴える候補者を好む有権者も一定数存在しており，場合によっては不確実な政策を訴えることで，候補者は得票を増やすこともあるのである。こうした有権者のリスク態度は，政治的意見の形成，政治参加，投票選択を説明する新たな変数として，近年研究が盛んになってきている(Tomz and Houweling 2009; Ehrlich and Maestas 2010; Kam and Simas 2010; Kam 2012)。

本章では，こうした近年の研究の発展をふまえ，不確実性に対する選好としてのリスク態度の概念を整理し，本研究で用いる尺度の理論的，経験的妥当性について検討を行う。

リスク態度の概念

リスク，そして不確実性という言葉は，学術研究，ビジネスの現場，日常生活において頻繁に用いられる言葉であり，その定義や区別は必ずしも明確ではない。しかし経済学においては，それらは当初明確に区別されており，例えばKnight（1921）によるとリスク(risk)は意思決定者が，自らが直面する無作為性に対して数学的な確率を割り当てることができる状況を指す一方，不確実性(uncertainty)はこうした無作為性が特定の数値で確率として表現できない状況を指すとされてきた。例えば，サイコロを振って奇数が出れば勝ち，偶数が出れば負け，というギャンブルの場合，奇数が出る確率は50%，偶数が出る確率は50%と，客観的に確率を数字で割り当てることができるため，これはリスクが伴う状況であるといえる。しかし，明日雨が降らなければ勝ち，雨が降れば負け，というギャンブルの場合，客観的にそれぞれの確率を数字で割り当てることは困難であるため，これは不確実性がある状況である。

しかしながら，こうしたリスクと不確実性の区別は現実社会での応用において必ずしも明確ではない。数学的な確率を割り当てることは，「リスク」を伴う状況下での選択を意味するが，こうした確率は結局のところ現実社会において多くの場合，単に主観的な信念の表明に過ぎない。前述のサイコロの例でも，奇数と偶数が出る確率がそれぞれ50%で同じと判断し，それをふまえて選択を行うのは意思決定者に他ならない。それゆえ結局「リスク」は「不確実性」ともみなすことが可能であり，その区別は難しい。Savage（1954）は，もともと客観的な確率で表現されるリスクが伴う状況での意思決定理論として発展した期待効用理論(von Neumann and Morgenstern 1944)を，主観的確率に対する期待効用を導入することで修正を施している。こうした事情から少なくとも政治学の研究では，無作為性に直面する状況下での人々の意思決定を分析する上で，「リスク」と「不確実性」という言葉を流

動的に用いるようになっている[1]。

　選挙における候補者の不確実性についての先駆的な理論研究である Shepsle（1972, 560）では，「リスキーな候補者（risky candidate）」を「宝くじ（lottery ticket）」とした上で，「投票するという行為は，ギャンブルや保険の購入といった行為と同様，『リスキー』な選択肢にまつわる行為である」と主張されている。この考え方を発展させ，研究者たちは政策争点上の候補者の不確実性を確率分布として表現した（Enelow and Hinich, 1981; Hinich and Munger, 1997）。確率分布は期待値を中心に一定の幅をもつ。政策的帰結の集合が連続的であるという前提の下，選挙の後候補者が政策を実施し，この幅の範囲でさまざまな政策的帰結が得られる。有権者がこの候補者に感じる不確実性の本質とは，選挙の後，当選した候補者が政策を実施した結果，何が起こるのか，つまり期待した結果が起こるのか，それとも予期せぬ結果が起こるのかわからない，というものである。

　このように有権者が候補者に対して感じる不確実性は数字で表現できる確率で測定できるという意味では，研究上「リスク」として扱われてきたものの，各有権者の主観的な信念であるという意味ではやはり「不確実性」である。それゆえ，本研究では先行研究に倣いつつ両概念を相互変換可能なものと考え，それが選ばれた際の帰結が不確実な選択肢に対する選好（それをどの程度好むか）という意味で，「リスクに対する態度（attitudes toward risk）」，あるいは「リスク態度（risk attitudes）」という言葉を用いる。

リスク態度の測定

　投票行動研究における関心は，選挙において候補者の不確実性が有権者の意思決定にどのような影響を及ぼすのか，ということである。不確実性の効果は，有権者のリスク態度に依存する。もし有権者が不確実性を好まない，リスク回避的な態度をもつのであれば，大きな変化は無くともその候補者が選ばれた結果，発生しうる政策的帰結がより明確な候補者を好ましいと思う

---

[1] 一方で，社会心理学の分野においては，リスクと不確実性は経験的な尺度としても区別されている。例えば，Hofstede et al.（2010）ではリスク回避とは区別された不確実性回避に焦点を当てた分析を行っている。

であろう。一方で不確実性を好む，リスク受容的な有権者は，ある候補者が選ばれた結果，たとえ大きな損失を被る可能性がある場合でも，大きな利益が得られる可能性があるならその候補者を好むであろう。問題はこうしたリスク態度の違いをどのように理論的に表現し，経験的に測定するか，である。

Shepsle（1972）は，リスク態度の違いを効用関数の型の違いで表現した。選挙において，異なる効用関数をもつ3人の有権者が，XとYという2人の候補者のうちから1人を選んで投票する状況を想定する。2人の候補者は下記に示したとおり，当選するとそれぞれ異なる政策的帰結をもたらす。政策的帰結はB，M，Wの3種類あり，Bは最高の結果，Wは最悪の結果，そしてMは連続する間隔$[W,B]$の中点の値であり，これらについて3人の有権者は同様に，$B \succ M \succ W$という推移的な選好をもつ。

候補者X：M

候補者Y：$L = (\frac{1}{2}B + \frac{1}{2}W)$

候補者Xが当選すれば，有権者は確実にMを受け取る。一方，候補者Yが当選すれば，有権者は$\frac{1}{2}$の確率でBを受け取るが，$\frac{1}{2}$の確率でWを受け取る。つまり，候補者Xは不確実性をもたない選択肢であるのに対し，候補者Yは「宝くじ」のような不確実性をもつ選択肢である。3人の有権者は，3つの結果について先に述べたように同じ選好をもつにもかかわらず，異なる効用関数をもつため，これらXとYの候補者について異なる選好をもつ。図2-1はそれを表現したものである。

この図に見られる3本の線はそれぞれリスク回避的な有権者の効用関数（凸型のもの），選択肢の不確実性の有無を気にしないリスク中立的な有権者の効用関数（線型のもの），リスク受容的な有権者の効用関数（凹型のもの）を示している。まず不確実性を持たない候補者Xに対する3人の有権者の効用は，リスク回避的な有権者について$U_{rav}(M)$，リスク中立的な有権者について$U_{rn}(M)$，リスク受容的な有権者について$U_{rac}(M)$である。縦軸に記されたそれぞれに対応する効用の大きさからわかるように，リスク回避的な有権者ほど確実な利得Mをもたらす候補者Xに対して高い効用を見出す。

一方で候補者Yは，最高の結果か最悪の結果のいずれかを同じ確率でもた

図2-1 異なる効用関数をもつ3人の有権者の候補者に対する選好

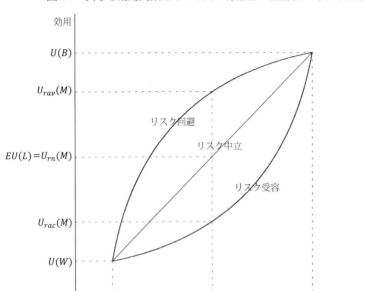

出典：Shepsle（1972）を参考に筆者作成。

らすという意味で不確実性のある選択肢であるため，候補者Yに見出される効用は期待効用$EU(L) = \frac{1}{2} + B + \frac{1}{2}W$であり，$(W, U(W))$と$(B, U(B))$の2つの点を結ぶ弦の中点によって表される。この図からわかるとおり，リスク回避的な有権者にとって，$U_{rav}(M) > EU(L)$であるため，不確実性の無い候補者Xは不確実性のある候補者Yよりも好ましいということになる。しかし，リスク中立的な有権者は選択肢の不確実性の有無は気にせず，Mの値とBとWの中点の値である$\frac{1}{2}B + \frac{1}{2}W$の値は一致するため，$U_{rn}(M) = EU(L)$となり，候補者Xと候補者Yとの間に違いを見出さない。最後にリスク受容的な有権者にとって，$U_{rac}(M) < EU(L)$であるため，不確実性の無い候補者Xは不確実性のある候補者Yよりも好ましくないということになる。つまり，3つの可能な結果について全く同じ選好をもちながらも，どちらか一方の候補者が不確実性を持つ場合，異なるリスク態度をもつ有権者は，2人の候補者に対してそれぞれ異なる反応を示すのである。

以上のように概念化される，選挙における有権者のリスク態度は主に3つの方法で測定されてきた。第一の方法は，サーベイデータから有権者の効用関数を推定するというものである。投票の空間理論の研究では通常，政策争点軸上の有権者の理想とする立場と，候補者の立場との距離が近い候補者ほど，有権者はそれに高い効用を見出すとされ，政策争点上の有権者の立場と候補者の立場との間の距離を測定する上で，凸型の負の2次関数が用いられてきた(Enelow and Hinich 1981; Hinich and Munger 1997)。これはリスク回避的な有権者の効用関数が想定されていることを意味する。例えば，DとRという2人の候補者がいたとして，x_Dとx_Rをそれぞれ候補者DとRの政策争点軸上の立場であるとする。また，有権者iの政策争点上の理想点をx_Iとする。このとき，有権者iが候補者DとRに見出す効用は，それぞれ$U(D) = -(x_i - x_D)^2$と，$U(R) = -(x_i - x_R)^2$として表現される。

これを元にさらに，有権者iが候補者DとRの政策争点軸上の立場に不確実性をもつ場合を考える。ここで，候補者の政策争点軸上の立場であるx_Dとx_Rは定数ではなく，確率変数として表現され，有権者は候補者DとRの政策争点上の位置について，不確実性の度合いである平均0のランダムな誤差項ϵ_Dとϵ_Rを伴って平均値$\bar{x}_D$と$\bar{x}_R$を認知するため，それぞれ$x_D = \bar{x}_D + \epsilon_D$，$x_R = \bar{x}_R + \epsilon_R$となる。これを先の効用関数に代入すると各候補者の期待効用は，次のようになる。

$$EU(D) = -E(x_i - x_D)^2 = -E[x_i - (\bar{x}_D + \epsilon_D)]^2 = -[(x_i - x_D)^2 + E(\epsilon_D^2)]$$
$$EU(R) = -E(x_i - x_R)^2 = -E[x_i - (\bar{x}_R + \epsilon_R)]^2 = -[(x_i - x_R)^2 + E(\epsilon_R^2)]$$

これらから理解できるのは，こうした有権者の効用関数を想定すると政策争点軸上で有権者から認知される立場の平均値$\bar{x}$が同じであった場合，ϵの値が大きくなるにつれ負の2次関数的に候補者に対する期待効用が減少し，不確実性が大きくϵの値が大きい候補者ほど選挙ではますます不利になるということである。つまり，同じ政策争点上の立場であれば，不確実性がより大きい候補者が常に嫌われる。このように有権者が候補者の不確実性を割り増して嫌うのは，一見してわかるように，期待効用の計算に負の2次関数を想定していることに起因している。

これに対してBerinsky and Lewis（2007）では，関数型を決めるパラメータ

αを設定し，要は $EU(D) = -E(|x_I - x_D|)^\alpha$ と，$EU(R) = -E(|x_I - x_R|)^\alpha$ を推定する。もし，αが2であれば，リスク回避的な有権者の効用関数となり，αが1であればリスク中立的，αが1/2であれば，リスク受容的となる。このようなリスク受容的な効用関数を想定したとき，候補者Dの政策争点上の立場が対立候補Rと同じか，あるいはむしろ対立候補Rの立場よりも有権者から離れた立場を取っている場合でも，不確実性が大きいことで有権者は候補者Dの方をより好むこともありうる。つまり，リスク受容的な有権者は対立候補Rよりも自分の立場から遠い候補者Dでも，候補者Dの不確実性が高く，より自分の好む方向に近づく可能性があることによって，その可能性に賭け候補者Dを支持することがあるのである[2]。

---

2 たとえば次のような場合を考える。数値で表すことのできる1つの争点をめぐってAとBの2人の候補者が争う選挙において，ある有権者がどちらに投票するか決定するとする。この有権者の政策争点軸上の理想点は0の値をとる。候補者Aの政策上の位置は不確実性が無く，必ず政策争点軸上の5の値である。一方，候補者Bの政策争点軸上の位置は不確実性があり，$\frac{1}{2}$の確率で3の値をとる一方，$\frac{1}{2}$の確率で7の値をとる。

このときもしこの有権者がリスク回避的であれば，候補者AとBに対する効用あるいは期待効用は次のようになり，不確実性をもつBに対する期待効用が，不確実性をもたないAに対する効用を下回る。

$$U(A) = -(|5-0|)^2 = -25$$
$$EU(B) = -\left\{\frac{1}{2}(3-0)^2 + \frac{1}{2}(7-0)^2\right\} = -29$$

さらにこの有権者がリスク中立的であれば，候補者AとBに対する効用あるいは期待効用は次のようになり，不確実性をもつBに対する期待効用と，不確実性をもたないAに対する効用が同じになる。

$$U(A) = -(|5-0|)^1 = -5$$
$$EU(B) = -\left\{\frac{1}{2}(3-0)^1 + \frac{1}{2}(7-0)^1\right\} = -5$$

最後にこの有権者がリスク受容的であれば，候補者AとBに対する効用あるいは期待効用は次のようになり，不確実性をもつBに対する期待効用が，不確実性をもたないAに対する効用を上回る。

しかしこの方法はいくつか問題がある。まず，こうした方法では有権者ごとのリスク態度を測定することはできない。単に全体として有権者はこのときリスク回避的だったとか，男性の有権者集団は女性の有権者集団よりもリスク受容的である，などと集団としてのリスク態度を測定できるに過ぎない。また，この方法では有権者の心理状態を記述できても，投票選択の説明はできない。というのも，そもそも関数型を決めるパラメータの推定に投票選択の変数が用いられており，データに照らして投票選択を最もよく説明する関数型としてリスク態度の効用関数が推定されているからである。つまり，リスク受容的な有権者ほどこの候補者／政党に投票した，といった説明は不可能であり，自ずと投票行動研究における用途は限られてしまうのである。

そこで投票行動を説明する目的で用いられるのが，理論的な厳密さは欠くもののサーベイにおける単純な質問で単独でリスク態度を測定するという方法である。例えば，Morgenstern and Zechmeister（2001）は，サーベイにおいて次のような2つのことわざに同意するかどうかで，有権者のリスク態度を測定している。

・見知らぬ聖者より知り合いの悪魔の方がまし（Better the devil you know than the saint you don't.）
・危険を冒さなければ何物も得ることはできない（Nothing ventured, nothing gained.）

これらのことわざのうち，2つ目のもののみに同意した回答者はリスク受容的，それ以外の回答パターンを示した回答者をリスク回避的と定義される。こうした方法の問題点としては，具体的に数値を示すことで，確実に獲得できる利得と，期待値として同じ値を示す利得の選好の測定を行っていないことから，理論が想定するような絶対的な意味でのリスク態度を測定できないというものが考えられる。つまり，リスク中立を絶対的な基準として

$$U(A) = -(|5-0|)^{\frac{1}{2}} = -2.24$$

$$EU(B) = -\left\{\frac{1}{2}(3-0)^{\frac{1}{2}} + \frac{1}{2}(7-0)^{\frac{1}{2}}\right\} = -2.19$$

設け，それを基準にすることでリスク回避，リスク受容といった区分ができない。

とは言え，そもそも理論が想定するのは金銭や利得といった量的な対象についての選択であり，政治学の関心となる選択対象である候補者や政策はそうした量的なものに換算するのが難しい。したがって，政治学の研究関心におけるリスク態度という概念は，何らかの基準を設けて絶対的に測定できるものではなく，あくまで相対的なものとして有用である(O'Neill 2001)。つまり，こうした相対的な尺度を用いることで，絶対的な意味で「リスク回避的な有権者の割合はどれくらいか」などといった研究関心には答えられないが，「リスク回避的な有権者ほど，どのような行動をとるか」といった研究関心には答えることができるのである。

最後に，リスク態度を測定したり，その投票行動への影響を検証したりする上で最も直接的かつ有効な手段はやはり実験である。実際，心理学では古くから実験室においてリスク態度に関する実験が行われてきた。その最も有名な例が，Kahneman and Tversky（1979）のプロスペクト理論にまつわる実験である[3]。この実験の枠組みでは，例えば被験者に対して，確実に50ドルもらえるという不確実性を一切含まない選択肢か，1/2の確率で100ドルもらえるが，1/2の確率で何ももらえないという不確実性を含む選択肢の2つが提示される。このとき後者の期待利得は$\frac{1}{2} \times 100 + \frac{1}{2} \times 0 = 50$ドルであり，前者の確実な50ドルを好む被験者はリスク回避的，後者を好む被験者はリスク受容的とされる。

しかしながら，実験の外的妥当性の問題を重視する政治学では，こうした実験室実験は現在に至るまであまり重視されてこなかった。実験室で学生や特定の一般市民を集めて起こったことが，現実の政治世界でも起こるという保証は無いのである。

ところが近年になり，インターネット調査や，ノートパソコンやタブレットを用いた調査が行われるようになり，より広範な対象者に対して実験が行

---

3 なおKahneman and Tversky（1979）の実験の目的は，リスク態度を測定することではなく，リスク態度が必ずしも一貫したものではなく，利益が確定した状態での選択か，それとも損失が確定した状態での選択かなど，フレーミングによって異なることを示すことであり，これは期待効用理論の重要な前提の1つに対する経験的反証となっている。

えるようになると，有権者全体をよりよく代表する多数の回答者に対する実験が行われるようになった。たとえば，政治学ではないが，ドイツのthe Socioeconomic Panel（SOEP）[4]では，有権者の母集団から無作為抽出した回答者への面接調査においてノートパソコンを用いて，上述の実験を回答に応じて複数回条件を変えて行うことで，有権者のリスク態度を細かく測定している。

　しかし，こうした実験による測定にもいくつか問題点がある。まず実際問題として，よほどリスク態度に特化した調査で無い限り，通常の選挙時のサーベイにおいてリスク態度の測定のために多くのスペースを割くことは不可能である。American National Election Study（ANES）や，本研究が用いるJapanese Election Study（JES）など選挙時のサーベイでは，党派性，争点態度，個人属性などすでにたずねられるべき項目がある程度決まっており，ただでさえ時間のかかるものとなるため，新たな質問を入れる余地は少ない。

　また，政治学においてはTomz and Houweling（2009）やKam and Simas（2010），Kam（2012）のように，リスク態度と政治変数の関係を検証するために，インターネット上で無作為化サーベイ実験を行ったものがあるが，これらの研究にしてもリスク態度の測定については，実験では無く特定の意見に賛成するか否かによって測定しているのみである[5]。

本研究でのリスク態度の尺度

　以上の考察をふまえて本研究では，サーベイにおける質問によって有権者のリスク態度を測定する。ただし，Japanese Election Study V（JES V）とは別に筆者が実施したリスク態度に特化した小規模な調査において，ドイ

4　ドイツのSOEPについての詳細は，Wagner, Burkhauser, and Behringer（1993）やSchupp and Wagner（2002）に詳しい。

5　たとえば，Tomz and Houweling（2009）では "Some people like taking risks. Other people prefer to avoid taking risks whenever possible. What about you? Do you prefer to take risks, prefer to avoid taking risks, or don't you have a preference either way?" という単純な質問で回答者のリスク態度を測定している。またKam and Simas（2010）とKam（2012）では，全部で7問の質問によって，回答者のリスク受容度を表すスコアを算出している。

ツのSOEPに倣った方法で，より細かく厳密にリスク態度を測定したので，ここではこれを用いて本研究の質問文の尺度としての妥当性を確認する。JES Vでは，有権者のリスク態度の尺度として次の2つの質問がたずねられている。

> 「虎穴に入らずんば虎児を得ず」ということわざがあります。あなたはこのことわざの考え方に同意しますか。それとも同意しませんか。
>
> ・同意する
> ・ある程度同意する
> ・どちらでもない
> ・あまり同意しない
> ・同意しない
> ・意味がわからない

> あなたは，次の2つの種類の政策があるとして，景気を良くするために政府はこのうちどちらの政策を実行するべきだと思いますか。
>
> ・成功すれば効果は大きいが，失敗する可能性が高い政策
> ・成功しても効果は小さいが，失敗する可能性が低い政策
> ・どちらともいえない

最初のものについては，Morgenstern and Zechmeister（2001）に倣ったものであり，危険を避けていては，大きな成功も有り得ないということのたとえとして有名な，このことわざについて，その考え方に同意する程度をたずねたものである。これに同意する回答者ほど，想定的にリスク受容的，同意しない回答者ほどリスク回避的ということである。

また2つ目のものについては，経済政策分野に特化したリスク態度を測定している。要するにここでは経済政策について，いわゆる「ハイリスク・ハイリターン」か「ローリスク・ローリターン」のどちらが好ましいかがたずねられており，前者を選んだ回答者ほどリスク受容的，後者を選んだ回答者ほどリスク回避的ということである。

1つ目の質問に加えてこの2つ目の質問をたずねた理由は，有権者は関心領域ごとに異なるリスク態度をもちうると考えられるからである。先行研究では，ギャンブル（Woodland and Woodland 1991; Jullien and Salanie 2000），保険の購入（Viscusi and Evans 1990; Cicchetti and Dubin 1994），失業期間（Feinberg 1977）といった，異なる領域で人々は異なるリスク態度をもつ可能性が指摘されている。ギャンブルにおいてリスク受容的な態度をもつ人が，保険の購入においても同様の態度をもつとは限らないのである。こうしたことから，一般的なリスク態度とは別に，選挙における有権者の関心事である経済政策に特化したリスク態度を測定する意図で，2つ目の質問を用意した。

またリスク態度を測定するのに，こうした単純な2つの質問を用いた最大の理由は，先にも述べたとおりJES Vにおける質問スペースの問題である。JESに限らず多くの大規模選挙調査プロジェクトでは，選挙間の比較を行うための質問群の多くがすでに固定されており，新たに質問を加える余地は少ない。そうした制約の中で最も効率良くリスク態度を測定するために作成されたのがこれらの質問である。さらに前節で述べたとおり，政治的選択は量的選択ではないため，そもそも絶対的な意味でのリスク態度を測定することが困難である。したがって，有権者の政治行動を分析するために，こうした質的かつ相対的な意味でのリスク態度を測定することは妥当であると考えられる。

とは言え，本研究で用いるこれら2つの尺度の妥当性について，より厳密なリスク態度の尺度に照らして検討することは重要である。そこでJES Vとは別に，筆者が独自に実施したインターネット調査において，理論により忠実な方法で有権者の絶対的なリスク態度を測定した。これとの相関を確認することで，本研究で用いる2つの相対的リスク態度尺度の妥当性を検討したい[6]。

この調査は，選挙とは無関係に2014年7月23日(水)から7月28日(月)にかけて日経リサーチ社に登録されたパネルを対象に実施し，20歳以上の男女1788名から回答を得たものである（登録パネルからの年齢，性別，居

---

[6] このように実験の結果と照らしての，サーベイにおけるリスク態度質問の尺度としての妥当性を検証する方法は，Dohmen et al.（2011）に倣った。

住地域による割当て抽出標本)[7]。リスク態度の厳密な測定においてはまず，次の質問がたずねられている。

> 次のようなA，B2つの選択肢が与えられたとしてあなたはどちらを選びますか。
> A．確実に5,000円もらえる
> B．サイコロを振って奇数が出れば10,000円もらえる（偶数が出れば何ももらえない）
>
> ・Aを選ぶ
> ・Bを選ぶ
> ・どちらとも言い難い

　この質問において，Bの選択肢の期待値は，$10{,}000 円 \times \frac{1}{2} + 0 円 \times \frac{1}{2}$で，5,000円となる。つまりここでの選択は，Aの確実な5,000円かBの期待値5,000円かの選択である。リスク回避的な回答者は，Bを選択して何ももらえない可能性を嫌って，Aを選択するであろう。しかし反対に，リスク受容的な回答者は，Bを選択して10,000円がもらえる可能性に魅力を感じてBを選択するであろう。したがって，この質問において「Aを選ぶ」と答えた場合，その回答者はリスク回避的と判断される。また「Bを選ぶ」と答えた場合，その回答者はリスク受容的と判断される。最後に「どちらとも言い難い」を選択した回答者はリスク中立的と判断され，ここで質問が終わる。

　一方，もしこの質問において「Aを選ぶ」と答えた場合，次の質問が現れ今度は確実な4,000円と先の質問と同様の期待値5,000円との間の選択が求められる。ここで，「Bを選ぶ」あるいは「どちらとも言い難い」と答えた回答者はここで質問が終わる。しかしここでも「Aを選ぶ」と答えた場合，さらに次の質問では確実な3,000円と期待値5,000円との選択が求められ，

7　この調査は，文部科学省科学研究費補助金・若手研究(B)（課題番号：24730117）「政党に対する有権者の業績評価とリスク態度」（研究代表：飯田健），平成24〜26年度によって実施された。

以下同様の手続きを経て、「Aを選ぶ」を選択し続けることで最終的に確実な2,000円と期待値5,000円との選択まで求められることになる。このようにして、リスク回避の度合いが4段階で測定される[8]。

また、最初の確実な5,000円と期待値5,000円との選択において、「Bを選ぶ」と答えた場合、次の質問が現れ今度は確実な6,000円と先の質問と同様の期待値5,000円との間の選択が求められる。ここで、「Bを選ぶ」あるいは「どちらとも言い難い」と答えた回答者はここで質問が終わる。しかし、ここでも「Bを選ぶ」と答えた場合、さらに次の質問では確実な7,000円と期待値5,000円との選択が求められ、以下同様の手続きを経て、「Bを選ぶ」と答え続けることで、最終的に確実な8,000円と期待値5,000円との選択まで求められることになる。このようにして、リスク受容の度合いが4段階で測定される[9]。

この方法で測定されたリスク態度の分布を示したのが図2-2である。これによると、最も割合が大きいカテゴリは最もリスク回避的な態度のカテゴリであり、約35%にも上る。つまり、3人に1人以上の回答者が、確実な5,000円と期待値5,000円では前者を選び、かつ確実な4,000円と期待値5,000円でも前者を選び、かつ確実な3,000円と期待値5,000円でも前者を選び、最終的に確実な2,000円と期待値5,000円でも前者を選んだのである。一方、反対に最もリスク受容的な態度のカテゴリは極めて割合が小さく、約2.3%に過ぎない。すなわち、確実な5,000円と期待値5,000円では

---

8 リスク回避度が低い順番にその組み合わせは次のとおり。「確実な5,000円と期待値5,000円では前者を選ぶが、確実な4,000円と期待値5,000円では前者を選ばない」、「確実な4,000円と期待値5,000円では前者を選ぶが、確実な3,000円と期待値5,000円では前者を選ばない」、「確実な3,000円と期待値5,000円では前者を選ぶが、確実な2,000円と期待値5,000円では前者を選ばない」、「確実な2,000円と期待値5,000円で前者を選ぶ」。

9 リスク受容度が低い順番にその組み合わせは次のとおり。「確実な5,000円と期待値5,000円では後者を選ぶが、確実な6,000円と期待値5,000円では後者を選ばない」、「確実な6,000円と期待値5,000円では後者を選ぶが、確実な7,000円と期待値5,000円では後者を選ばない」、「確実な7,000円と期待値5,000円では後者を選ぶが、確実な8,000円と期待値5,000円では後者を選ばない」、「確実な8,000円と期待値5,000円で後者を選ぶ」。

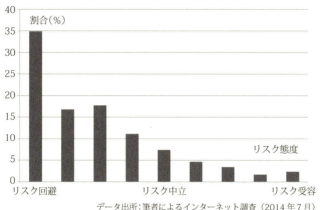

図2-2　絶対的リスク態度の測定

データ出所：筆者によるインターネット調査（2014年7月）

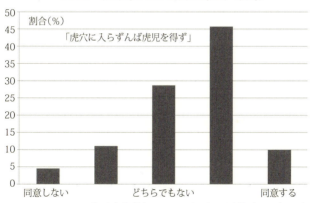

図2-3　相対的リスク態度の測定（一般的）

データ出所：筆者によるインターネット調査（2014年7月）

後者を選び，かつ確実な6,000円と期待値5,000円でも後者を選び，かつ確実な7,000円と期待値5,000円でも後者を選び，最終的に確実な8,000円と期待値5,000円でも後者を選んだ回答者はほとんどいない。こうした結果は，確実な利得が保証されている「利得局面(domain of gain)」では，人々はリスク回避的になるとの，Kahneman and Tversky（1979）の知見と整合的である。

また，図2-3は「虎穴に入らずんば虎児を得ず」とのことわざに同意する

程度で測定したリスク態度の分布を示したものである。この図によると、最も割合が大きい回答カテゴリは「ある程度同意する」であり、約46％にもなる。これは、このことわざが概して良い意味をもつと考えられることから、納得できる結果である。しかしそれにもかかわらず、完全に「同意する」とした回答者の割合は極めて小さく、約10％となっている。なお、先にも述べたとおり、この質問は量的な選択ではなく質的な選択であるため、絶対的な意味でのリスク中立を定めることはできないため、あくまで個人間あるいはグループ間で、リスク態度の違いを議論する際に用いられる相対的なリスク態度の尺度となっている。

　最後に、図2-4は経済政策についての選好により測定したリスク態度の分布を示したものである。この図によると、最も回答割合が高い選択肢は「どちらともいえない」であり、約55％と過半数の回答者がそのように回答している。しかし、「成功すれば効果は大きいが、失敗する可能性が高い政策」と「成功しても効果は小さいが、失敗する可能性が低い政策」とでは、後者の方が前者よりも選択される割合がやや高くなっている。これはつまり概して、経済政策において「ハイリスク・ハイリターン」よりも「ローリスク・ローリターン」の方が好まれている割合が高い、ということである。尺度も

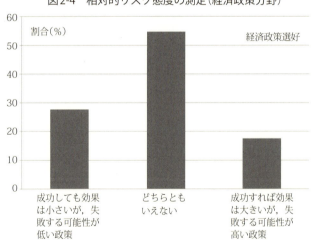

図2-4　相対的リスク態度の測定（経済政策分野）

データ出所：筆者によるインターネット調査（2014年7月）

また，絶対的な意味でのリスク中立は存在せず，相対的な尺度となっている。

さて，これら3つのリスク態度の尺度はどの程度相関をもつのであろうか。それぞれリスク受容的であるほど，数値が高くなるようにコード化し，2変数の相関をとると下記のようになる。なおここで，「絶対的リスク態度尺度」とは，数値を使って厳密にリスク態度を測定した尺度，「相対的リスク態度尺度1」とは，ことわざに同意する程度で相対的なリスク態度を測定した尺度，「相対的リスク態度尺度2」とは，経済政策の選好によって相対的なリスク態度を測定した尺度を，それぞれ指す。

- 絶対的リスク態度尺度―相対的リスク態度尺度1：$r = +0.047 (p = 0.046)$
- 絶対的リスク態度尺度―相対的リスク態度尺度2：$r = +0.056 (p = 0.018)$
- 相対的リスク態度尺度1―相対的リスク態度尺度2：$r = +0.322 (p = 0.000)$

これを見てわかるとおり，絶対的リスク態度尺度と2つの相対的リスク態度尺度とは，弱いながらも両方とも5%水準で統計的に有意な正の相関をもっている。これは，絶対的な尺度で測定したリスク態度と相対的なリスク態度尺度との関係が全くない，という前提でこのような正の相関を示す値が偶然観測される理論的確率は5%未満であるということである。このようなかなり低い確率でしか起きないことが今回たまたまこの1つのサンプルで見られたということは，先の前提が誤っているとかなりの確信をもって結論付けることができる。したがって，絶対的な尺度においてリスク受容的な態度をもつ回答者は，2つの相対的リスク態度尺度においてもリスク受容的な態度をもつ傾向があると言える。

一方，相対的リスク態度尺度間では1%水準で統計的に有意な正の相関が見られることから，「虎穴に入らずんば虎児を得ず」ということわざに同意する回答者は，経済政策においても「成功すれば効果は大きいが，失敗する可能性が高い政策」を好む傾向があることを意味する。つまり，本研究における一般的なリスク態度と，経済政策分野でのリスク態度は関連していると言える。

以上，本章ではリスク態度の概念を整理し，投票行動研究においてそれを測定するための様々な尺度について検討した。その上で，本研究で用いられ

る2つの相対的なリスク態度尺度を提示し，理論的により厳密な絶対的なリスク態度尺度との対照で，それらの妥当性を確認した。次章以降，いよいよこれらのリスク態度尺度を用いて，安倍政権の誕生，強化，持続を読み解いていく。

第3章
政権交代—2012年12月衆院選

　2012年12月の衆院選において，自民党は119議席から294議席へと大きく議席を伸ばし，民主党から政権を奪還した。民主党が政権の座にあった約3年4ヵ月もの間，経済の低迷，相次ぐスキャンダルなどにより民主党の支持率は下がり続けていたことから，このことは多くの人々に当然のこととして受け止められた。代表民主制において，野党は与党に対する国民の不満の「受け皿」となり，民意を反映しない与党にとって代わり政権交代を実現することが期待されているが，この選挙ではまさにそれが実現したかのように見える。

　しかしながら，実際自民党は必ずしも民主党政権の不満の「受け皿」になったわけではなかった。後に見るように，2009年9月から2012年12月までの民主党政権期，民主党の支持率はほぼ一貫して下がり続けたが，その間，野党第一党である自民党の支持率は上昇したわけではなかった。また自民党は大勝したにもかかわらず，2012年衆院選では，大敗した2009年と比べても得票を減らしていた。このように民主党政権に対する不満は必ずしも2012年における自民党への積極的支持には結びつかなかったとして，何が自民党への投票を説明するのであろうか。より一般的に，どのような場合に有権者は野党に投票するのであろうか。

　これらの問いに対しては既存の研究からいくつかの答えを用意することができる。たとえば，業績評価投票の理論によると有権者は失政によって与党を「罰する」インセンティブを持つ。与党を「罰する」ためには野党に投票する必要がある。しかし，ここではなぜ与党に不満をもつ有権者が棄権するのではなく，野党に投票するのかそのメカニズムは語られていない。また別

の先行研究では，後に見るように野党に投票するさまざまな動機が指摘されているが，なぜ有権者がそれらの動機をもつのかについては必ずしも明確ではない。これらの先行研究は基本的に野党への投票や支持に密接に関連した個別の要因を指摘するのみであり理論的かつ体系的な説明を提供しておらず，上の日本政治におけるパズルは依然として解かれたとは言い難い。

そこで本章は，有権者のリスク態度という変数に焦点を当てることで，これらの問いに対して体系的な答えを与えようとする。政権交代はしばしば急激な政策変化を伴い，その政策変化は経済や社会に良くも悪くも不安定性をもたらす。それゆえ，そうした不安定性を嫌うリスク回避的な有権者は選挙において，たとえ与党に不満を感じようとも野党に投票せず，再び与党に投票するか，あるいは棄権するであろう。反対に，リスク受容的な有権者は与党に不満を感じたときには，政権交代を求めて喜んで野党に投票するかもしれない。

本章ではこれらの仮説を，2012年12月の衆院選後に行われたJapanese Election Study V（JES V）のインターネット調査のデータを用いて検証する。多項ロジットを用いた統計分析の結果，政党支持態度や経済評価の影響を考慮してもなお，2009年に民主党に投票したリスク受容的な有権者は2012年において自民党もしくは維新の会へと投票先を変える傾向にあった一方，2009年に民主党に投票したリスク回避的な有権者は2012年においても民主党に投票し続ける傾向にあったことが示された。すなわち，有権者のリスク回避的な態度は野党に対する支持を弱める一方，リスク受容的な態度は与党から野党への投票先の変更を促すのである。

リサーチクエスチョン

1996年の小選挙区比例代表並立制導入以降，2012年12月の衆院選にかけて，日本では少なくとも形式的には二大政党制化が進行してきた。たとえば，衆議院議員選挙小選挙区での得票率にもとづく有効政党数は1996年の2.96から2009年の2.10と選挙を経るごとに低下するなど（Maeda 2008; 河野 2009），実質的に選挙で当選する可能性のある政党の数は2へと収斂してきていた。政党間の勢力が拮抗する二大政党制では政権交代の可能性が高くなる。2012年衆院選でも，自民党が野党乱立の中「独り勝ち」を収めた

結果，一党優位体制が再び出現したかのように見えるが，小選挙区制の下では常に野党結集の可能性が存在するため，その地位は決して安泰とは言えない。

二大政党制の下では，失政を重ね有権者の不評を買った与党は，一方の有力な野党にとって代わられることが想定されている。すなわち，有権者の不満の受け皿としての役割を野党が果たすことで，緊張感と責任感のある政治が実現されることが期待されている。しかしこのようなメカニズムは，少なくとも近年の日本では機能していないように見える。図3-1は，民主党政権が始まった2009年9月から衆議院が解散された2012年11月の間の，民主党および自民党の月ごとの政党支持率の推移を示したものである。

この図によると，与党民主党の支持率は，民主党が政権の座に就いた2009年9月以降，2010年初めの違法献金をめぐる小沢一郎元秘書の逮捕，普天間基地移設問題での混乱，2011年の東日本大震災への対応の不手際などから，当初の約30%から約5%にまでほぼ一貫して低下している。しかしそれにもかかわらず，最大野党である自民党の支持率はその間，約15%前後から大きく変化しておらず，明確な上昇傾向が見出せるわけではない。それどころか，これら2つの政党支持率の相関係数を計算すると，".281"となり，5%水準で統計的に有意とはならないものの($p=.083$)，正の値とな

図3-1　民主党支持率と自民党支持率（2009年9月〜2012年11月）

$r = .281 (p = .083)$

データ出所：時事世論調査

図3-2　民主党に対する失望と自民党に対する期待（2009年9月〜2010年7月）

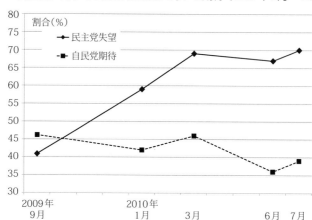

データ出所：読売新聞・早稲田大学共同調査

る。これは有権者の間での民主党の支持率低下は最大野党である自民党の支持率上昇には結び付いていないどころか，むしろ両政党の支持率は低下傾向を共有しているということを意味する[1]。

　同様の傾向は別のデータからも確認できる。図3-2は，与党民主党に「失望している」あるいは「ある程度失望している」と答えた有権者の割合と，野党自民党に「期待している」あるいは「ある程度期待している」と答えた有権者の割合の推移を示したものである。これによると民主党に失望している有権者の割合は，2009年9月から2010年3月にかけて急激に増加しているものの，その間も自民党に期待している有権者の割合は低いままか，あるいは弱い低下傾向すら示している。すなわち，ここでもやはり有権者の民主党への失望は，自民党への期待には結び付いているとは言えないのである。

　こうした有権者の態度は，自民党が大勝した2012年衆院選の結果にも表

---

[1] ちなみに代表的な二大政党制の国であるアメリカでは，筆者が計算したところ，第1期オバマ政権下において民主党支持と共和党支持率は，5％水準で統計的には有意にならないものの（$p=0.216$），"−.203"と負の相関を示しており，日本とは対照的である。

れている。表3-1と3-2は，2012年衆院選前後の議席数の変化と，2009年衆院選と2012年衆院選における民主党と自民党の得票数をそれぞれ示したものである。表3-1にあるとおり，この選挙において民主党は230議席から57議席へと大きく議席を減らした一方，自民党は119議席から294議席へと大きく議席を伸ばしており，一見有権者の民主党への不満の受け皿として大躍進したかのように見える。しかし，表3-2によると自民党は小選挙区と比例区の両方で，民主党に惨敗した2009年衆院選の得票数すらそれぞれ約166万票および約219万票下回っていたことがわかる。つまり，2012年衆院選での自民党の勝利は，自民党が民主党の不満の受け皿となったことよりも，民主党が不人気過ぎたことにより相対的に自民党の得票率が上がったということによって，より良く説明できそうである。

なぜ，与党である民主党の不人気は，最大の野党であり最も現実的な選択肢であると思われる自民党の支持には繋がらなかったのであろうか。この問いをより一般化して言い換えるなら，そもそもいったいどのようなメカニズムで有権者は野党を支持あるいは投票するようになるのであろうか。

この一見単純でありふれた問いは，実は先行研究において必ずしも十分に答えられているとは言えない。野党への投票と言うことでまず想起されるのが，経済投票あるいは業績評価投票の理論(e.g., Key 1966; Fiorina 1981)である。よく知られているとおり，この理論によると，有権者は悪い経済状態

表3-1　2012年総選挙における議席数の変化

	選挙前	選挙後	増減
民主党	230	57	-173
自民党	119	294	+165

表3-2　2009年総選挙と2012年総選挙の得票数比較

民主党	2009年	2012年	増減
小選挙区	33,475	13,599	-19,876 (-59%)
比例区	29,844	9,629	-20,215 (-68%)
自民党	2009年	2012年	増減
小選挙区	27,302	25,643	-1,659 (-6%)
比例区	18,810	16,624	-2,186 (-12%)

単位：千票

や政策の失敗によって与党を「罰する」インセンティブをもっているとされ，実際サーベイデータやアグリゲートデータを用いた分析では，有権者の経済状態認識や統計指標と与党／野党得票率との間には日本を含む多くの国で相関が見られる（Lewis‑Beck 1988; 平野 1998）。確かに，こうした業績評価投票の理論はなぜ有権者が与党から離れるのかは説明できるのかもしれない。しかし，なぜそうした与党に不満をもつ有権者が棄権するのではなく，わざわざ野党に投票するのかは明確ではない。

　実際，木村（2003）では政治に不満をもつ有権者が「抗議」の手段として，野党に投票するよりも，むしろ棄権する傾向があることが指摘されており，これは有権者が野党を支持し投票するためには，与党に対する不満だけではなく何か別の積極的な理由付けが必要なことを示唆している。さらに，1990年代以降の選挙政治において注目されているいわゆる無党派層に関する研究（e.g., 田中1992; 1997）においても，政治に関心をもちつつも政党に不信感を抱く有権者がどのような心理で時として政党，とりわけ野党に投票するのかという疑問には答えられていない。

　では，与党に不満をもつ有権者が野党に投票する理由づけとしてはこれまでどのようなものが指摘されてきたのであろうか。まず有権者を野党への投票へと向かわせた個別具体的な争点として，たとえば，土井たか子率いる社会党が躍進した1989年参院選を分析した蒲島（1992）では消費税導入の是非，「新党ブーム」により自民党が政権の座から追われた1993年衆院選を分析した蒲島（1994）では選挙制度改革をはじめとする政治改革が，それぞれ指摘されている。すなわち，1989年参院選においては与党自民党による消費税導入の動きに反発する有権者が最大の野党であった社会党に投票したし，1993年衆院選においては自民党を割って出た日本新党，新生党，さきがけの三新党が掲げる政治改革の目標に共鳴した有権者がこれらの政党に投票したのである。

　またより一般的に，民主党が大勝し政権交代が起こった2009年衆院選を分析した飯田（2009）や山田（2010）では，それぞれ民主党に対する有権者の「期待」，そして政権担当能力評価という，ともにプロスペクティブな要因が指摘された。すなわち，過去の実績には必ずしも基づかない，民主党に対する将来的な期待や，未知数の政権担当能力を評価した有権者が2012年衆院選で野党民主党に投票したのである。

これらの先行研究は，確かに各選挙における野党投票者の特徴をよく記述している。しかし，そもそもなぜここで指摘されるような態度を有権者がもつに至ったかについての一般的な説明を提供していない。どのようにして大きな政策変更を伴う争点に対する態度や，野党に対する期待および政権担当能力の評価をもつに至ったのか，理論的な説明が不足しているように思われる。つまり，なぜ民主党政権期，与党である民主党支持率の低下は野党である自民党支持率の低下に結びつかなかったのか，そもそもなぜ有権者が与党を離れ，実績の無い野党を支持するようになったのかという問題は依然としてパズルとして残されているのである。

理論的検討と仮説

上の疑問に答えるため本章では，リスク態度と不確実性に関する研究を参照しつつ，リスク受容的な有権者ほど，棄権するのではなく，与党から野党へと投票先を変える傾向にあると主張する。第2章で詳しく論じたとおり，リスク態度は，不確実性を伴う選択肢に対する選好によって定義され[2]，たとえば，確実に50ドルがもらえる選択肢と，50%の確率で100ドルがもらえるが，50%の確率で何も貰えない選択肢の2つが示されたとき，もし前者を選ぶなら不確実性を伴う期待利得50ドルよりも確実な50ドルを好んでいるため，リスク回避的態度と言える。また，後者を選ぶのであれば，100ドルもらえる可能性に魅力を感じ，確実に50ドルもらうよりも不確実性を伴う期待利得50ドルを好んでいるため，リスク受容的と言える。最後にこれら2つの選択肢を同等に感じるのであれば，確実な50ドルと期待利得50ドルの間で無差別であり，その人にとって不確実性は良い意味でも悪い意味でも重要ではないということであり，リスク中立的と言える。

こうしたリスク態度は選挙における有権者の投票選択とどのような関係が

---

[2] 第2章で述べたとおり，より厳密に言うとリスクと不確実性は別のものである（Knight 1921）。リスクは，意思決定者が自ら直面する無作為性に対して数学的な確率を割り当てることのできる状況を意味する一方，不確実性は，この無作為性が特定の数学的確率では表現できないような状況を指す。しかし，現実には，客観的確率と主観的な信念にもとづく確率とは区別し難く，今日ではリスクと不確実性の区別は流動的になっている。

あるのだろうか。政権交代に際して新しく与党になった政党は政策変更を行うことで前の与党に対する自らの新しさや優位を示すインセンティブをもつため，またそもそも政党のイデオロギーが異なるため，政権交代はしばしば急激な政策変化をもたらす(Bartels 2008)。政策の変化はリスクを伴う。たとえば，新しい経済政策が経済を刺激するとして，その効果がポジティブなものか，ネガティブなものか事前に予測するのは難しい。一方，既存の政策方針に従うことの結果はそれよりも予測可能である。すなわち，Shepsle (1972, 560)が「投票という行為は，ギャンブルをしたり保険を購入したりするなどという行為同様，『リスキー』な選択肢にかかわる行為である」と述べたように，政権交代を望みつつ勝つ可能性が高い野党に投票することは，よりリスクの高い選択肢を好むということを意味する。以上のような理論的検討は，1つの命題を導く。すなわち，現状維持よりもギャンブルを好むリスク受容的な有権者ほど，与党に不満を感じたとき，野党に投票するであろう。

　こうした理論的検討から導いた仮説を2012年衆院選の事例を用いて検証する。周知のとおり，2012年12月の衆院選は政権交代をもたらした。2009年9月以降政権の座にあった民主党は自民党に対して地滑り的敗北を喫した。すでに見たとおり，自民党は議席を劇的に増やしたとは言え，2009年衆院選と比べて小選挙区と比例区の両方で得票数を減らした。これは，民主党に不満をもつ多くの有権者が棄権をしたか，自民党以外の政党に投票したことを意味する。実際，日本維新の会はとりわけその地盤である大阪を中心に支持を集め，衆議院で民主党に次ぐ野党第二党となった。維新の会の成功はしばしば，特権的な政治家や公務員の既得権益の打破と急激な体制変革を望む有権者にアピールすることで支持を動員するポピュリスト的な戦略によって説明される(善教ほか 2012)。また，維新の会はメディアの注目も高く，選挙後の政治で大きな影響力をもつことも予想されていた。

　これらをふまえると，自民党のみならず維新の会も政権交代を引き起こすための現実的な選択肢であったと言える。したがって，2012年衆院選における仮説は次のようになる。すなわち，2009年衆院選で民主党に投票した有権者のうち，リスク受容的な有権者は2012年衆院選において民主党から

自民党あるいは維新の会へと投票先を変えた一方，リスク回避的な有権者は民主党に投票し続けたか，棄権したであろう。

　なおこの仮説は，野田・民主党政権は不確実性の低い選択肢であったという前提を含んでいる。民主党政権は，多くの有権者にとって悪い意味で不確実性が低い選択肢である。すなわち，民主党政権が存続することで，ほぼ確実に悪い経済状態が続くことが見込まれた。それに対し，安倍晋三の自民党政権は無制限の金融緩和など大胆な経済政策を公約に掲げており，その経済効果をめぐっては肯定的な予測も，否定的な憶測も両方飛び交っていた。極端に単純化するならば，いわば2012年12月の衆院選での投票選択は，確実に5,000円を失う選択肢か，$\frac{1}{2}$の確率で10,000円を失うが，$\frac{1}{2}$の確率で何も失わないという選択肢の間での選択だったと考えられるのである。

データ分析

　この仮説を検証するために，Japanese Election Study V（JES V）のデータを分析する。2012年衆院選時におけるJES V調査は合わせて，電話，郵送，インターネットと3つの異なるモードで実施された。今回の分析では，衆院選の後，2012年12月17日から2013年1月22日にかけて行われたインターネット調査のデータを用いる[3]。独立変数であるリスク態度は，この調査に含まれる次の質問によって測定された。

> あなたは，次の2つの種類の政策があるとして，景気を良くするために政府はこのうちどちらの政策を実行するべきだと思いますか。
>
> ・成功すれば効果は大きいが，失敗する可能性が高い政策
> ・成功しても効果は小さいが，失敗する可能性が低い政策
> ・どちらともいえない

3　このデータは地域，年代，性別によって日経リサーチのパネルから有意抽出したサンプルから集められたものである。分析に当たっては重みづけ等の補正は行っていない。

第2章で述べたとおり，この質問文は経済政策分野における有権者のリスク態度を測定することを意図している。経済政策分野を選んだのは次の2つの利点による。第一に，経済は投票に大きな影響を与えることは広く知られており，その因果メカニズムを明らかにするという貢献を目指せるということ。第二に，先に示唆したとおりリスク態度という概念は経済問題と親和性が高いため，経済という金銭的数量を伴う分野においてリスク態度を測ることがより適切であると考えたこと，である。

　しかし一方でこれに関連して，この質問文についていくつか注意すべき点がある。第一に，効果が「大きい」，「小さい」の理解の仕方が回答者によって異なる可能性がある。この問題に対処するためには，政策的帰結として具体的な値(金額)を提示することが考えられるが，そうすると回答者の選択は，大きくその収入など経済状態に依存することになる。それゆえ，これを回避するためにあえて「大きい」，「小さい」は主観的かつ，あくまで相対的な評価として回答者に示されている。第二に，「失敗」が何を意味するかも回答者によって異なる可能性がある。ある者は失敗を効果無し，すなわちプラスマイナス・ゼロを意味すると理解するかもしれないし，別の者はそれを損失，すなわちマイナスと理解するかもしれない。この点についても，ここではあくまで主観的かつ相対的な尺度として，回答者の理解にまかせている。

　以上の2つの点が示唆するのは，この尺度はあくまで「効果大きい」，「効果小さい」，「失敗」という三段階の相対的な帰結に対する選好に関するものである，ということである。その意味で，ここでの「リスク受容的になるほど」あるいは「リスク回避的になるほど」などという表現は同様に相対的なものになる。とりわけすぐ後にも述べるように，「リスク中立」については，この質問において絶対的な意味で中立，あるいは「真ん中」がどこにあるかということは言えないので，そうした表現を用いないようにする。

　この質問文の最初の政策選択肢は，上手くいけば利益は大きいが，失敗する可能性が高く結果の差が大きいという意味においてリスクが高い。一方，2番目の選択肢は上手くいっても利益が少ないが，失敗する可能性が低く結果の差が小さいという意味でリスクが低い。いわば前者はハイリスク・ハイリターン，後者はローリスク・ローリターンであり，一長一短で利益とリスクのトレードオフの関係が成立している。

したがってここでは「リスク受容的な有権者ほど，民主から自民あるいは維新へと投票先を変えた」との仮説を検証する目的で，前者を選んだ回答者を「リスク受容度(高)」の態度，後者の政策選択肢を選んだ回答者を「リスク受容度(低)」の態度をそれぞれもつとする。また「どちらでもない」を選んだ場合，「リスク受容度(高)」と「リスク受容度(低)」の中間というだけの意味で「リスク受容度(中)」とみなす。この質問に対する回答の分布は，リスク受容度(低)が最も多く55.2% ($n=2,373$)，次いでリスク受容度(中)が23.6% ($n=1,015$)，最後にリスク受容度(高)が最も少なく21.2%($n=911$)となっており，人々は全体としてリスク回避的であるとするKahneman and Tversky（1979）など先行研究の知見と整合的である。

なお先行研究において，単一の質問により有権者のリスク態度を測定する方法としては，上記のように経済政策など特定のコンテクストを設定した上で測定する方法と，政治や経済の特定のコンテクストから離れてより一般的な質問で測定する方法とがある。たとえば大竹・富岡(2003)では，政府の再分配政策への支持を説明するのに，降水確率何%で傘を持って外出するかという質問によって測定された一般的なリスク態度変数が用いられている。

しかし一方で，リスク態度は保険の購入，ギャンブル，失業など分野によって異なるなど，リスク態度は一般的なものではなく領域特定的であるとの主張もある(Weber et al.2002)。本研究では，特定のコンテクストを設定して測定するという方法を採用しているが，JES V調査にはまた，次のようなより一般的なリスク態度を測定する質問も含められている。

「虎穴に入らずんば虎児を得ず」ということわざがあります。あなたはこのことわざの考え方に同意しますか。それとも同意しませんか。

・同意する
・ある程度同意する
・どちらでもない
・あまり同意しない
・同意しない
・意味がわからない

経済政策に関する有権者のリスク態度は，このようなより一般的なリスク態度尺度とも正の相関をもっている。経済政策に関する有権者のリスク態度を，「1：リスク受容度(低)，2：リスク受容度(中)，3：リスク受容度(高)」，またより一般的なリスク態度を「1：同意しない，2：あまり同意しない，3：どちらでもない，4：ある程度同意する，5：同意する」とそれぞれリスク受容度を表す連続尺度とみなした上で，両者の相関係数を計算すると，.223と1％水準で統計的に有意($p=0.000$)な正の相関を示した。つまり経済政策分野におけるリスク態度と一般的なリスク態度とは正の相関をもつのである。

　また，この有権者のリスク態度は経済状態評価とも相関をもつ。プロスペクト理論(Kahneman and Tversky 1979)によると，選択が行われるコンテクストによって人々のリスク態度は変化しうる。人々は利得局面においては，リスク回避的になる一方，損失局面においてはリスク受容的になる。たとえば実験において，確実に50ドルを受け取るという選択肢か，あるいは50％の確率で100ドルを受け取り，50％の確率で何も受け取れないという選択肢(期待利得は$100 \times 0.5 + 0 \times 0.5 = 50$)の2つが与えられた場合，ほとんどの人々はリスクを嫌い，前者を選ぶ。一方，確実に50ドルを失うという選択肢か，あるいは50％の確率で100ドルを失い，50％の確率で何も失わないという選択肢(期待利得は$-100 \times 1 - 0 \times 1 = -50$)の2つが与えられた場合，ほとんどの人々は損失が確定するのを恐れるあまりリスクを好むようになり，後者を選ぶ。つまり，与えられたコンテクストによって同じ人でもリスク態度が異なる可能性が高いのである。

　この利得局面と損失局面とを分ける点のことを，参照点と呼ぶ。この参照点の位置を決める要因の1つとしては，経済状態についての有権者の認識が考えられる。もし有権者が，経済状態が悪化傾向にあると信じているなら，損失局面でいかに損失を減らすかという中で選択を行っていると考えられるし，反対にもし経済が良くなる傾向にあると信じているなら，利得獲得局面でいかに利得を確保するかという中で選択を行っていると考えられる。これは，経済状態に関する良い認識は有権者をリスク回避的にし，経済状態に関する悪い認識は有権者をリスク受容的にすることを示唆する。実際，予測されたとおり，有権者のリスク態度と，経済状態の認識(今の日本の景気について1：かなり悪い，2：やや悪い，3：変わらない，4：やや良い，5：

かなり良い）とは，"−0.087"と弱いながらも1％水準で統計的に有意な負の相関をもつ($p=.000$)。要するに，少なくとも2012年12月のこのデータでは，経済状態が悪いと思っている有権者ほど，経済政策分野においてリスク受容的になるのである。

従属変数は比例区での投票選択であり，「1：民主に投票，2：自民に投票，3：維新に投票，4：棄権」とコーディングする。本来的には，従属変数のカテゴリとしてこれ以外の政党も含めるべきであるが，分析結果が煩雑になるのでここでは政権交代に結び付く投票選択として理論的に重要な「自民党に投票」と「維新に投票」のみを含めた（ただし，これら以外の政党をカテゴリに含めても，分析結果は実質的に変わらなかった）。

また独立変数であるリスク態度が従属変数である投票選択に与える影響を正しく推定するためには，統計的統制を行う必要がある。たとえば，「経済状態が悪いと認識するから，リスク受容的になる」，「経済状態が悪いと認識するから，自民党に投票する」という関係がある場合，もし経済状態認識の変数で統制しなければ，「リスク受容的な有権者ほど自民党に投票する」との関係が確認できたところで，「偽の関係」である可能性が排除できない。ここでは理論的に独立変数にも従属変数にも影響を与えうる統制変数として，上述の経済状態認識の他，自民支持ダミー，民主支持ダミー，維新支持ダミー，その他政党支持，男性ダミー，大卒ダミー，40歳以上ダミー，世帯収入800万円以上ダミーを含める。

推定するモデルは，従属変数の投票選択における民主投票（投票先変更なし）をベースカテゴリとした多項ロジットである。2009年に民主に投票した有権者のうち，2012年衆院選において民主党から投票先を変えた者，棄権した者，民主に留まった者の違いを説明する要因を検証するため，分析に含められるのは，2009年に民主党に投票したと答えた回答者のみとする。

独立変数の有権者のリスク態度は，本来的に順序をもつカテゴリ変数であるので，2つのダミー変数としてモデルに投入する。1つはリスク受容度（中）ダミー（1：「どちらでもない」，0：それ以外），もう1つはリスク受容度（高）ダミー（1：「成功すれば効果は大きいが，失敗する可能性が高い政策」，0：それ以外）であり，したがってベースカテゴリは「リスク受容度（低）」となる。分析に用いたデータの記述統計および多項ロジットの推定結果はそれぞれ表3-3，3-4のとおりである。

表3-3 分析に用いた変数の記述統計

変数	ケース数	平均値	標準偏差	最小値	最大値
投票選択	930	2.559	1.050	1	4
リスク受容度(中)	1,415	0.236	0.423	0	1
リスク受容度(高)	1,415	0.212	0.394	0	1
自民支持	1,415	0.192	0.236	0	1
民主支持	1,415	0.110	0.439	0	1
維新支持	1,415	0.070	0.279	0	1
その他政党支持	1,415	0.155	0.347	0	1
良い経済評価	1,415	2.352	0.843	1	5
男性	1,415	0.538	0.485	0	1
大卒	1,415	0.546	0.495	0	1
40歳以上	1,415	0.637	0.417	0	1
世帯収入800万円以上	1,415	0.253	0.448	0	1

これらの数字はすべて、2009年総選挙では民主党に投票したと回答したケースを対象とする。

表3-4 2009年総選挙における民主党投票者の，
2012年総選挙における投票選択の決定要因

独立変数	民主投票(2009)→自民党投票(2012)		民主投票(2009)→維新投票(2012)		民主投票(2009)→棄権(2012)	
定数	1.341**	(0.491)	1.658**	(0.451)	1.147*	(0.545)
リスク受容度(中)	0.465	(0.305)	0.502†	(0.272)	0.795*	(0.321)
リスク受容度(高)	0.888**	(0.299)	0.821**	(0.272)	0.412	(0.371)
自民支持	2.977**	(0.624)	1.159†	(0.681)	0.337	(0.936)
民主支持	−2.407**	(0.299)	−1.853**	(0.240)	−1.961**	(0.329)
維新支持	0.804	(1.238)	4.427**	(1.020)	2.650*	(1.088)
その他政党支持	−0.561	(0.943)	1.101	(0.686)	1.120	(0.752)
良い経済評価	−0.472**	(0.144)	−0.514**	(0.132)	−0.589**	(0.166)
男性	0.566*	(0.259)	0.259	(0.232)	0.343	(0.294)
大卒	−0.541*	(0.252)	−0.329	(0.226)	−0.496†	(0.284)
40歳以上	−0.968**	(0.274)	−0.674**	(0.255)	−0.860**	(0.313)
世帯収入800万円以上	0.429†	(0.255)	−0.169	(0.238)	0.215	(0.293)
n	930					
Log - likelihood	−800.95					

有意水準：†：10% *：5% **：1%
カッコ内は標準誤差
多項ロジット：参照カテゴリ＝「民主党に投票」(投票先変更なし)
ケースは2009年に民主に投票したと答えた者のみを含む。

　仮説で予想されたとおり自民と維新の式において，リスク受容度(高)ダ

ミーの係数は正の値を示しており，1％水準で統計的に有意である。すなわち，政党支持や経済状態認識の影響を考慮してもなお，リスク受容度が高い有権者ほど，民主党から自民党あるいは維新に投票先を変える傾向にあった。また棄権の式において，リスク受容度(中)ダミーの係数は正の値を示しており，5％水準で統計的に有意となっているが，これは2009年に民主党に投票した有権者のうち，リスク受容度が高くも無く低くも無い有権者はリスク受容度が低いリスク回避的な有権者に比べて棄権することを示している。

政党支持変数の係数の向きもすべて仮説で予測されたとおりである。2009年に民主に投票した有権者のうち民主支持者は非民主支持者に比べて，投票先を変えたり棄権したりしない傾向にある一方，2009年に民主に投票した有権者のうち自民支持者あるいは維新支持者はそれぞれ投票先を当該政党に変える傾向にある。また，2009年に民主に投票した有権者のうち，良い経済状態認識をもつ，大卒である，年齢40歳以上という属性をもつ者は2012年にも民主に投票するという傾向が見られた。

ところで，上で見たように，多項ロジットの推定結果の表からは，各独立変数が従属変数に対して正負どちらの影響をもっているか，またその影響は統計的に有意かを判断できるのみであった。投票選択に対する有権者のリスク態度の影響をより具体的に解釈するためには，この推定結果に基づいて一種のシミュレーションを行う必要がある。まずは，2009年に民主に投票した，世帯収入が800万円未満で，平均的な経済認識[4]をもつ大卒で無党派の男性有権者を想定しよう。図3-3は，この有権者が2012年に再び民主に投票する予測確率，自民に投票先を変更する予測確率，維新に投票先を変更する予測確率，棄権する予測確率をそれぞれ，リスク態度ごとにプロットしたものである。

図3-3を見てわかるとおり，この有権者がリスク受容度が低く，リスク回避的な態度をもつ場合，民主に再び投票する確率が最も高く0.415，次いで維新の会へ投票先を変更する確率が0.263，自民党へ投票先を変更する確率が0.203，棄権する確率が0.119であるが，この同じ有権者がリスク受容度が高い場合，維新に投票先を変える確率が0.344と最も高く，次いで自民党に投票先を変更する確率が0.298，民主党に再び投票する確率が0.25，棄権

---

4 経済認識の平均値2.352を挿入。

図3-3　リスク態度の違いによる各政党への予測投票確率の変化

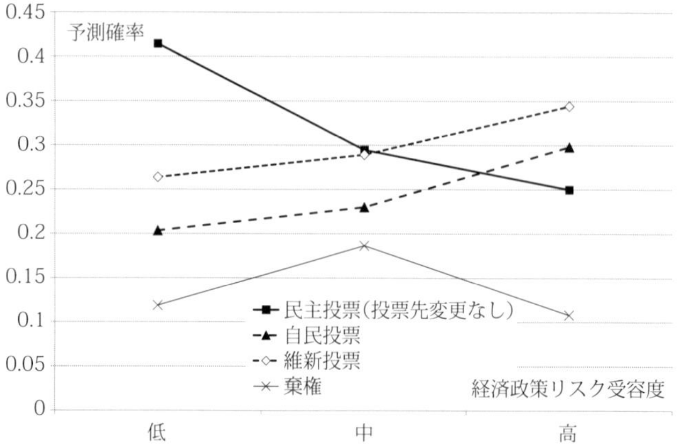

凡例:
- 民主投票（投票先変更なし）
- 自民投票
- 維新投票
- 棄権

横軸：経済政策リスク受容度（低・中・高）
縦軸：予測確率

2009年に民主に投票した、世帯収入が800万円未満で平均的な経済認識をもつ大卒で無党派の男性有権者を想定。

する確率が0.108となっている。つまりリスク受容度が高い無党派の有権者は、リスク受容度が低い無党派の有権者に比べて、2012年において投票先を民主党から維新の会および自民党へと変更しやすかったことがわかる。また有権者がリスク受容的になるほど、民主に留まる確率は低下する。なお自民よりも維新に投票する確率が高いのは一見不自然だが、シミュレーションの対象となっているのはあくまで2009年に民主に投票した無党派の有権者であるということに注意する必要がある。

最後に、有権者のリスク受容度が中くらいのとき、棄権する確率は最高の0.187となり、リスク受容度が高いときやリスク受容度が低い場合よりも高くなる。これは、経済政策においてリスクを取りたいのか、取りたくないのか、はっきりと態度を決められない有権者ほど、確実に悪いと思われる民主党政権か、現状がさらに悪くなる可能性があるものの、現状が改善される可能性もある自民党政権かの選択を迫られたとき、棄権したということを示唆している。

まとめ

本章の分析の結果をまとめると次のようになる。政党支持や経済状態認識

の影響を考慮した上でも，2009年に民主に投票した有権者のうち，リスク受容的な有権者は2012年に自民党あるいは維新の会に投票先を変える傾向が強かった一方，民主党に留まる傾向は弱かった。また相対的にリスク受容度が高くもなく低くも無い有権者は，リスク受容度が低いあるいは受容度が高い有権者と比べて，2012年には棄権する傾向が見られた。これらの結果は，もし有権者がもっとリスク受容的であった場合，維新の会は実際よりももっと躍進したし，投票率ももっと高かったことを示唆する。すなわちリスク受容的有権者の増加は，日本政治により頻繁なスウィング，ひいては政権交代をもたらしうるのである。

また，なぜ2009年9月から2012年12月の間の民主党政権の不人気にもかかわらず自民党の人気は上がらなかったのか。さらには，なぜ2012年の衆院選において，多くの有権者が民主党に不満を感じていたのにもかかわらず投票率が低下したのか。本章の分析が示唆する答えは，いまだ多くの有権者がリスク回避的で，再び政権交代に繋がるような変革を引き起こすのに躊躇を感じていたから，というものである。実際，先にも見たとおり，経済政策分野でのリスク態度質問の回答分布を見たとき，過半数(55.2%)がリスク回避的であった。分析の結果から，2012年衆院選における野党自民党の躍進は主にリスク受容的な有権者の働きによるものと考えられるが，一方で自民党がそれでも2009年に比べて得票数を減らした背景には，こうしたリスク受容的ではない多くの有権者の存在があったことも留意しておくべきであろう。

さらに，本章の分析を通じて，有権者のリスク態度は経済状態認識や政党支持といった従来の変数によって説明できない投票選択のバリエーションを説明する上で重要な変数であることが示された。これは，今後この新しい変数に注目することで投票行動理論の発展に貢献できることを示唆している。とりわけ，これまでブラックボックスであった，「悪い経済状態認識」が「野党への投票」に与える因果効果について重要な示唆を与えることができたのではないか。すなわち，悪い経済状態認識によってリスク受容的になった有権者は，大きな政策変更を伴う政権交代をもたらす有力野党への投票に「リスキーな選択肢」としての魅力を感じるようになる，というものである。これは従来からの「賞罰理論」以外の経済と投票を結ぶ新たな因果関係の可能性を示していると言えるであろう。また，「賞罰理論」では必ずしも説明で

きなかった,「なぜ棄権ではなく野党に投票か」との問いに答えるものでもある。

このように2012年12月の衆院選で自民党が勝利することによって誕生した安倍政権は,続く2013年7月の参院選でも勝利し両院の多数派を握り,大胆な現状変更に向けた準備を整えることになる。次章では,なぜ2013年参院選において,こうした現状変更を掲げる安倍政権の基盤を強化することを有権者は支持したのか検討する。

第4章
政権基盤の強化—2013年7月参院選

　2014年12月の衆院選で大勝し誕生した安倍政権は，そのたった約7ヵ月後の2013年7月に参院選を迎えた。選挙前，参議院は野党が多数派を握る，いわゆる「ねじれ」の状態にあった。参議院でも野党から多数派の地位を奪うことができれば，安倍政権はいよいよ自らの政策を実行するための強固な権力基盤を手に入れることができる。その意味でこの参院選は，有権者にとって，いわばこれまでの政権の実績に対する中間評価というよりは，金融緩和を中心とする景気対策，憲法改正，TPP参加交渉，原発再稼働など重要な現状変更を推し進めようとする安倍政権に今後数年間，選挙無しに大きな権力を与えるかどうかの判断を行う機会であったのである。

　参院選の直前，安倍政権の支持率は依然として高かったが，それでも上の事情から安倍政権に強すぎる権力を与えることに不安を抱いた有権者が一定程度いたことは想像に難くない。比例区と選挙区でそれぞれ1票ずつ，合計2票を投じる現行の参議院の選挙制度において，自民党に全幅の信頼を寄せ，政策を実行するために大きな権力を持たせたいと思った有権者は，比例区，選挙区とも自民党に投票したであろう。しかし，自民党政権を好ましく思いつつも，政権に大きすぎる権力を持たせることに抵抗を感じた有権者は比例区，選挙区のどちらかで自民党以外に投票したと考えられる。

　このように1つの政党が勝ちすぎるのを防ぐために分割投票を行うという説は従来より知られているが，そのメカニズムは必ずしも明らかにはなっていない。本章では，こうした従来の均衡投票／牽制投票としての分割投票が発生するメカニズムについて，有権者のリスク態度という変数に着目することで，新たな説明を与える。政権の権力基盤強化は急激な政策変化をもたら

し，その政策変化は経済や社会に良くも悪くも不安定性をもたらす。それゆえ，そうした不安定性を嫌うリスク回避的な有権者は選挙において，政権が大きすぎる力をもつことを好まず，票を分散させるであろう。すなわち票を分散させることは，リスクを分散させることを意味するのである。

　本章では2013年7月の参院選後に行われたJapanese Election Study V（JES V）のインターネット調査のデータを用いて，この仮説を検証する。多項ロジットを用いた統計分析の結果，リスク回避的な有権者は，たとえ自民党に投票するにしても，比例区か選挙区のどちらか一方で維新の会や民主党など自民党以外の政党に票を分割する傾向があることが示された。

　本章の研究は2013年参院選に関する上の問いに答えることのみならず，必ずしもそのメカニズムが明らかではなかった均衡投票／牽制投票としての分割投票の理論を発展させることによって，より広く投票行動研究に貢献しようとする試みである。

リサーチクエスチョン

　ヨーロッパの選挙研究の文脈において，第一院の選挙や一部の大統領選挙など政権選択選挙を「一次的選挙」，第二院の選挙や地方選挙など非政権選択選挙を「二次的選挙」とする概念的区別が存在するが（Reif and Schmitt 1980），これを日本の国政選挙にあてはめると衆議院衆院選が「一次的選挙」，参議院議員選挙が「二次的選挙」ということになる。「二次的選挙」では，政権交代の可能性を考慮する必要が無いため現政権に対する率直な業績評価が行われる傾向が強いとされ，実際今井・日野（2011）によると，日本においても参院選が政権選択に直接結びつかない，いわば「重要ではない」選挙であることを理解している有権者ほど，参院選においては現政権に対する不満をより強く野党候補への投票に反映させようとすると言う。

　しかし，2013年7月の参院選はこうした政権への「中間評価」とはまた別の意味を持っていたようである。その理由として挙げられるのが，直近の衆院選からの期間の短さである。2013年7月21日の参院選は直近の衆院選が実施された2012年12月16日から約7ヵ月間（216日間）しか経過しておらず，これは衆院選の5日後に参院選が実施された1953年や，衆参同日選となった1980年，1986年など極端な例を除けば，直近の衆院選との間隔

が同じく216日間であった1977年参院選以来の短さであった。こうした状況にあっては，たとえ安倍政権による無制限の金融緩和など目立った経済政策の実施があったにせよ，その帰結は未だ定かではなく自ずと選挙の業績評価的側面は薄れるであろう。

　では，2013年参院選はいったいどのような特徴をもつ選挙だったのか。周知のとおり，2012年衆院選では自民党が大勝を収めたが，参議院では自民党と公明党の与党勢力は過半数の議席を占めておらず，衆議院と参議院とで多数派が異なるいわゆる「ねじれ」状態であった。もし2013年参院選で自民党が再び大勝を収めればこの「ねじれ」は解消され，与党の権力基盤はさらに強化されることになる。そして，政権発足以来，参院選をにらんで極端な政策的野心を表に出さなかった安倍政権も，当分国政選挙の心配をすることなく満を持して憲法改正，TPP参加，原発再稼働など国民の間で意見の分かれる論争的な公約実現に向けて動き出すことであろう。この意味において，2013年参院選は，自民党の権力基盤強化の是非，ひいては大胆な現状変更の是非を有権者が判断する選挙だったと言えるのである。

　参院選の直前，安倍政権の支持率は60％前後と依然として高かったとは言え，それでも上のような事情から安倍政権に極端に大きな権力を与えることに不安を覚えた有権者が一定程度いたことは想像に難くない。たとえ自民党や安倍政権に好意的な印象を抱いていたとしても，党派にかかわらず政権の力が強くなり過ぎることを嫌う有権者はそれなりにいたはずである。

　一人の有権者が比例区と選挙区とでそれぞれ1票ずつ合計2票を投じる混合型選挙制度において，そのような有権者が取りうる選択肢の1つとして，比例区と選挙区とでそれぞれ別の政党（の候補者）に投票するという分割投票が考えられる。実際，2013年参院選の結果を見ると，自民党の得票数が比例区で約1,846万票だったのに対し，選挙区では約2,268万票と，約422万票もの差が見られる。つまりこれだけを見ても，少なくとも自民に一定の好意を持ち，選挙区は自民党候補者に入れたものの比例区では自民党以外の政党に投票したという有権者がかなりいたということが推測される。一方でもちろん反対に，選挙区は自民党以外の党の候補者に投票し，比例区では自民党に投票したという有権者もいたと考えられる。なぜ有権者は2013年参院選で多く見られたと思われる，このような心理にもとづく分割投票を行うのであろうか。

先行研究ではこうした分割投票のあり方は，均衡投票／牽制投票と呼ばれている（三宅 2001）[1]。この理論は，自民党一党優位体制下で見られた「基本的に自民党政権を望むが，政局は与野党伯仲状態がよいと考え，与野党伯仲状況（バッファー）を考慮に入れて投票行動を行う有権者」（蒲島 1988, 171）である「バッファープレイヤー」の存在を前提としている。この説によると，有権者が与党の勝ちすぎを許さないのは，与野党伯仲状態を作り出すことによって，有権者に対する政権の応答性を高めようとするからである。すなわち，有権者は基本的には与党を支持しその政権が存続することを望む。しかし一方で，与党が勝ちすぎることによって政権が盤石となり，政府が有権者の意向を無視するようになることを憂慮する。したがってこうした状態を回避すべく，有権者は与野党の勢力バランスを考慮しつつ比例区と選挙区とで異なる政党に投票するのである。

　また，アメリカにおいても「極端さ」を嫌う有権者が分割投票を行うことが知られている。たとえば，大統領と議会，上院と下院など各政府機関を異なる政党が掌握するといった分割政府状態を望む有権者ほど分割投票を行うし（Alesina and Rosenthal 1995; Fiorina 1992），穏健な政策志向をもつ有権者は，選挙後に実施される政策のバランスをとる手段として分割投票を行う（Lacy and Paolino 1998; Mabane 2000），と言う。

　だがこうした極端に強固な基盤をもつ政権が応答性を低下させることに対

---

[1] なお，分割投票の原因としてこれ以外に先行研究では大きく次の3つの要因が指摘されている。第一に，戦略投票（McKelvey and Ordeshook 1972；Cox 1994）としての分割投票である。これは，選挙区において自分の支持政党の候補者が勝つ見込みが少ない場合に，より当選する可能性が高い別の候補者に戦略的に投票することによって分割投票が起きるというもので，実際に日本でもこのタイプの分割投票が存在することが確認されている（今井 2008）。第二に，反乱投票としての分割投票（品田 1999）である。これは，小選挙区において支持政党候補の圧勝が予想されている時に，何らかの不満を持っている有権者が票を捨てるために小選挙区において勝ち目のない政党に投票する，というものである。また一種の反乱投票として，Natori（2016）は，与党の業績を評価しない与党支持者が分割投票を行うと論じている。第三に，候補者・政策要因による分割投票（西澤 2000；今井 2008；Burden and Kimball 1998）である。これは，有権者は候補者に対する認知・好感度や政策を考慮して「誠実に」投票した結果，票を分割している，という説である。

する有権者の憂慮にもとづく均衡投票／牽制投票の説明には，近年の日本政治を考えたとき1つの疑問が生じる。周知のとおり，バッファープレイヤーの理論が登場したのは中選挙区制の下，衆議院選挙が行われていた，いわゆる「五十五年体制下」であった。複数定数の中選挙区制においては，最大野党の社会党をはじめとする野党は共倒れを恐れるため複数の候補者を立てようとしない傾向があり，いくら野党が勝とうとも政権に就く可能性があったのは複数の候補者を立てる自民党だけであった。いずれにせよ自民党が政権を維持するという強い見込みが，自民党政府の応答性が低下するのではないかとの有権者の憂慮の源泉であった。

しかし1996年の小選挙区導入以降，状況は一変した。定数1の小選挙区においては，最大野党も候補者を立てるインセンティブをもつし，野党間の選挙協力の可能性も高くなる。また，比例性の低い小選挙区に比例区よりも重いウエイトが置かれているため，少しの得票差が大きな議席数の差に変換されることになる。結果，「風が吹く」ことによって容易に多数派が変わることは，理論的にもあるいは2009年衆院選や2012年衆院選の結果が実際に示すように明らかである。つまり，小選挙区が中心の選挙制度ではいかなる政党も政権の座に安住することはできず，1つの選挙での与党大勝による応答性の低下の心配は小選挙区導入以降大きく減じられた。

これは与党が勝ちすぎることへの警戒感による分割投票の説明として，少なくとも近年の日本の選挙では従来のような与党の応答の観点からの説明が不十分であることを示唆する。また「極端さ」を嫌うとしてもなぜそうなのか明確な理由はわからない。2013年参院選においてなぜ有権者は自民党の勝ちすぎを憂慮し分割投票を行ったのであろうか。言い換えれば，いったいなぜ，そしてどのような場合に有権者は1つの政党に強大な権力を与えようとするのであろうか。

理論的検討と仮説

上の問いに対する答えとして，本章ではリスク態度と不確実性に関する研究を参照しつつ，リスク回避的な有権者ほど，政権交代や政権の権力基盤強化による急激な政策変化による不確実性を嫌い，分割投票を行うことで与野党の均衡を保とうとする，と主張する。リスク態度は，不確実性を伴う選択

肢に対する選好によって測定され，たとえば，確実に50ドルがもらえる選択肢と，50%の確率で100ドルがもらえるが，50%の確率で何も貰えない選択肢の2つが示されたとき，もし前者を選ぶなら不確実性を伴う期待利得50ドルよりも確実な利得50ドルを好んでいるため，リスク回避的態度と言える。また，後者を選ぶのであれば，100ドルもらえる可能性に魅力を感じ，確実な利得50ドルよりも不確実性を伴う期待利得50ドルを好んでいるため，リスク受容的と言える。さらにこれら2つの選択肢を同等と感じるのであれば，確実な50ドルと期待利得50ドルとを同一視しているということであり，その人にとって不確実性は意味が無く，リスク中立的と言える。

　こうしたリスク態度は選挙における有権者の投票選択とどのような関係があるのであろうか。選挙で勝利し新しく与党になった政党は政策変更を行うことで前の与党と比しての自らの新しさや優位を示すインセンティブをもつため，またそもそも政党のイデオロギーが異なるため，政権交代後にはしばしば急激な政策の変化が起きる（Bartels 2008）。政策の変化はリスクを伴う。たとえば，新しい経済政策が経済を刺激するとして，その効果がポジティブなものか，ネガティブなものか事前に予測することは難しい。一方，既存の政策方針に従うことの結果は少なくともそれよりも予測可能である。すなわち，Shepsle（1972, 560）が「投票という行為は，ギャンブルをしたり保険を購入したりするなどという行為同様，『リスキー』な選択肢にかかわる行為である」と述べたように，選挙で政権を奪取する可能性のある有力な野党や新しく政権の座に就いたばかりでこれから政策を進めようとする与党に投票することは，よりリスクの高い選択肢を好むということを意味する。

　より一般的に，これらを代表民主制における有権者と政治家の「本人－代理人」関係の観点から考えてみよう。「本人」たる国民は本来主権者として政策を決定する権限をもつが，自らそれを行うことは当然不可能なので「代理人」たる政府にその仕事を任せる。国民の負託を受けた政府は国民のために働き，成果を出し，国民はその成果にもとづいて選挙においてその政府に委任し続けるか，それとも新たな政府を誕生させるかを判断する。しかしここで問題となるのが，政府の働きぶりは政府の私的情報であり，国民はそれを直接監視することができない，ということである。その結果，実際に観察可能な成果の真偽について正確に知ることができない。このような国民と政府との間の必然的な情報の非対称性によって生じる不確実性が伴う状況下で

選択を行わなければならないところに国民の困難がある。

　とは言え，不確実性の度合いについては，国民はある程度の選択権をもつ。すなわち，各政党が選挙において掲げる公約やその政党が政権に就く可能性，現政権与党の実績などを考慮することで国民は自らの不確実性の許容度に応じた投票選択がある程度可能になる。たとえば，現政権下で景気が低迷していたとしてもその政権が続く限り急激な政策変更は起きにくいという意味で，その政権与党は不確実性の低い選択肢である。一方，急激な政策変更を主張する有力野党は，良い意味でも悪い意味でも変化がもたらされる可能性が高いという意味で不確実性の高い選択肢である。このどちらを選ぶかはまさに，有権者がどのくらいの不確実性を許容するのか，すなわちそのリスク態度にかかっている。

　以上の理論的検討は次の一般的な命題を導く。すなわち，政策変更による不確実性を嫌うリスク回避的な有権者ほど，政権を奪取する可能性のある有力野党や，新しく政権の座に就いたばかりの与党を支持しないであろう。

　こうした理論的検討から2013年参院選の事例についての仮説を導く。先述のとおり2013年7月の参院選は，政権交代をもたらした2012年12月の衆院選のわずか7ヵ月後に実施された。また衆院選後に発足した安倍政権は，大規模な金融緩和などいわゆるアベノミクスと呼ばれる一連の経済政策に着手し，円高が緩和され株価が回復したものの，その成果についてはまだ評価が定まったとは言えなかった。これらのことから，2013年7月の参院選は，安倍政権に対する「中間評価」，「業績評価」と言うよりは，衆参の「ねじれ」を解消し，経済政策や防衛政策などの重要な政策分野で現状変更を進めようとする安倍政権にさらに大きな力を与えるか否かを問う選挙であったと言える。

　具体的に安倍政権の政策はどのようなリスクをもっていたのか。自民党が2013年7月4日に公表した「参議院選挙公約2013」[2]にある政策を順に見ていくと，第一に経済政策として「大胆な金融政策」がある。この政策は「デフレマインドを一掃すること」を目的とし，政権交代後の2013年1月の政府と日本銀行による共同声明にもとづき4月初めから本格的に実施され始め

2　自民党「参議院選挙公約」http://jimin.ncss.nifty.com/pdf/sen_san23/2013sanin2013-07-04.pdf（2016年1月25日閲覧）

たものであり，「2％の物価安定目標を設定し，マネタリーベースを2年で2倍にするという『量的・質的金融緩和』の導入」を骨子としていた。つまりこれは設定したインフレ目標を達成するために，日本銀行が無制限に民間銀行の保有する長期国債を買い取ることで通貨の市場流通量を2倍に増やすということであり，金融政策の物価上昇や景気回復に対する効果に懐疑的で2013年3月に任期満了を待たずして辞任した白川方明日銀総裁のこれまでの方針を覆すというだけでなく，過去に例を見ない大規模な金融緩和であった。

　この政策に対しては，日本円の通貨価値の低下による過度の物価上昇，日本国債の信用毀損による金利上昇とその結果としての財政悪化などの懸念が表明されていた。たとえば，松井彰彦・東京大学経済学部教授はアベノミクスに対する自らの考えとして，一般論として人々がお金の価値が半減すると予想し貴金属などの安全な資産に換えようとすることで一気に通貨の価値がなくなり，「極端なケースはハイパーインフレーションとなる」可能性を指摘している[3]。また安倍首相自身も2013年5月24日参院本会議で，「長期金利の急激な上昇が起きれば，経済や国民生活に大きな影響が及ぶおそれがある」と懸念を表明するなど大規模な金融緩和のリスクを指摘している[4]。このように，安倍政権が推し進めようとする金融政策は，日銀幹部でさえ「これは賭けだ」[5]というほどの，リスクが山積みで未知数の部分が多い政策だったのである。

　第二に，「選挙公約」では2012年4月に発表された自民党の「『憲法改正原案』の国会提出を目指し，憲法改正に積極的に取り組んで」いくことが記されていた。この「憲法改正原案」は自衛権を明記するだけでなく，国防軍の設置，領土等の保全義務を規定することを含んでおり，戦争放棄と戦力不保持を謳う憲法9条を前提とした戦後の日本の防衛政策の大きな転換を意味する。これは「戦後レジームの脱却」という安倍首相の最大のテーマの一環に位置付けられるものであり，その著書の中でも「わが国の安全保障と憲法との乖離を解釈でしのぐのは，もはや限界にある」（安倍 2013, 138）と憲法

3　『朝日新聞』2013年5月10日付朝刊。
4　『朝日新聞』2013年5月25日付朝刊。
5　『朝日新聞』2013年4月5日付朝刊。

改正の必要性が主張されている。

　この憲法改正，とりわけ9条改正に対しては，日米同盟との関連でアメリカの戦争に巻き込まれる可能性が高まるという懸念が戦後常に表明されてきた。たとえば，憲法改正の動きに対して一貫して反対し，世論に一定の影響を与えてきた代表的な勢力の1つである朝日新聞社の主張によると，憲法9条が改正されることで「日本が米国の同盟国として，踏み込んで軍事的な役割を担うようになれば，米国がかかわる戦争に直接，関与せざるを得ない事態がでて」くるという[6]。朝日新聞社をはじめとする憲法改正に反対する勢力は2013年参院選時にも同様の論理で人々に安倍政権の政策の危険性を訴えかけていた。

　もちろんこれらの政策に反対する有権者はそもそも比例区でも選挙区でも自民党には投票しないであろう。しかし，おおむね安倍政権を支持しつつも，極端に強固な政権基盤を与えることによる急激な政策変更がもたらす不確実性に不安を感じる有権者は，分割投票を行い，安倍政権を勝たせすぎないことでこのリスクを軽減させたいと思ったことであろう。したがって，仮説は次のようになる。すなわち，2013年参院選において，リスク回避的な有権者ほど選挙区と比例区の両方で与党自民党に投票するのではなく，分割投票を行ったであろう。

データ分析

　この仮説を検証するために，2013年参院選時のJapanese Election Study V（JES V）のデータを分析する。この調査は2013年参院選に合わせて電話，郵送，インターネットと3つの異なるモードで実施された。本章の分析では，参院選の前後に行われたインターネット調査のデータを用いる[7]。まずは従属変数である投票選択から確認しよう。JES Vの2013年参院選インターネット選挙後調査では，回答者に投票先がたずねられている。投票先政党の

---

[6] 『朝日新聞』2007年5月3日付朝刊。
[7] 選挙前と選挙後の調査期間はそれぞれ，2013年7月1〜3日と7月27日〜29日である。このデータは地域，年代，性別によって日経リサーチのパネルから有意抽出したサンプルから集められたものである。分析に当たっては重みづけ等の補正は行っていない。

回答選択肢は,「自民党」,「民主党」,「公明党」,「日本維新の会」,「みんなの党」,「共産党」,「その他の政党」の7つである[8]。

表4-1は,そのうち少なくとも比例区か選挙区のどちらかで自民党に投票した回答者を,「比例区・選挙区ともに自民に投票(分割投票なし)」,「選挙区非自民に分割投票」,「比例区非自民に分割投票」の3カテゴリに分類し,集計したものである。これによると,比例区,選挙区の少なくとも一方で自民党に投票した回答者のうち,70%が比例区,選挙区ともに自民に投票(分割投票なし),9.1%が比例区では自民に投票したものの選挙区では非自民に分割投票,20.9%が選挙区では自民に投票したものの「比例区では非自民に分割投票していることがわかる。ただしこのうち,20.9%を占める「比例区では自民党以外に投票したが,選挙区では自民党に投票した」というパターンは,自分が支持する政党が選挙区に候補者を立てていないことによる「強制的分割投票」の可能性もあるので注意が必要である(Hirano 2004)。いずれにせよ,こうした3つのカテゴリにわたる投票選択のバリエーションがなぜ発生したのか,その原因を検証するのがここでの実証分析の目的である。

次に,独立変数であるリスク態度は,この調査に含まれる次の質問によって測定された。

「虎穴に入らずんば虎児を得ず」ということわざがあります。あなたはこのことわざの考え方に同意しますか。それとも同意しませんか。

・同意する
・ある程度同意する
・どちらでもない
・あまり同意しない
・同意しない

このリスク態度の尺度は,特定の領域に関連しない有権者の一般的なリス

---

[8] 参院選の比例区では非拘束式名簿が採用されており,政党名か政党の名簿に記載された候補者名で投票することが可能であるが,JES Vの質問文では,「どの政党あるいはどの政党の候補者に投票しましたか」と政党名でのみたずねている。

表4-1 2013年参院選挙における議席数の変化

	ケース数	%
比例区・選挙区ともに自民に投票(分割投票なし)	745	70.0
選挙区非自民に分割投票	97	9.1
比例区非自民に分割投票	223	20.9
合　計	1065	100.0

ク態度を測定するものである。リスク態度は保険の購入，ギャンブル，失業など分野によって異なるなど(たとえば，ギャンブルでリスク受容的な人が，保険の購入でリスク受容的とは限らない)，領域特定的であるとの主張もあり(Weber et al. 2002)，その考えにもとづいて特定の分野に特化したリスク態度を測定する尺度が用いられることがある一方で，一般的なリスク態度の尺度が用いられている先行研究も多く存在する。たとえば，Morgenstern and Zechmeister (2001)は，メキシコにおける調査で，"Better the devil you know than the saint you don't." および "Nothing ventured, nothing gained." という2つのことわざに回答者が同意するか否かによって人々のリスク態度を作成し，それが与党／野党の投票選択に影響を及ぼしていることを示した。また大竹・富岡(2003)は，政府の再分配政策への人々の支持を説明するのに，降水確率何％で傘を持って外出するかという質問によって測定された一般的なリスク態度変数を用いているし，三浦・楠見(2014)は投票行動を説明するのに「幸せになるためには，リスクがあってもチャレンジする」および「幸せとはリスクがない状態だと思う」という2つの一般的な主張にどの程度あてはまるかたずねることでリスク態度を測定している。

　本章の分析でも，Morgenstern and Zechmeister (2001)に倣って，危険を冒さなければ大きな成功は得られないことのたとえを表す「虎穴に入らずんば虎児を得ず」ということわざに同意する程度によって有権者のリスク態度を測定しており，「同意する」程度が強いほどハイリスク・ハイリターンを好んでいると考えられるためリスク受容，「同意しない」程度が強いほどハイリスク・ハイリターンを好んでいないと考えられるためリスク回避的であると考えられる。

　図4-1はこのリスク態度変数の分布を示したものである(ケースは少なくとも選挙区か比例区で自民党に投票した者のみを含む)。これによると，このことわざに同意あるいは，ある程度同意するリスク受容的な回答者の割合

図4-1　一般的リスク態度の分布

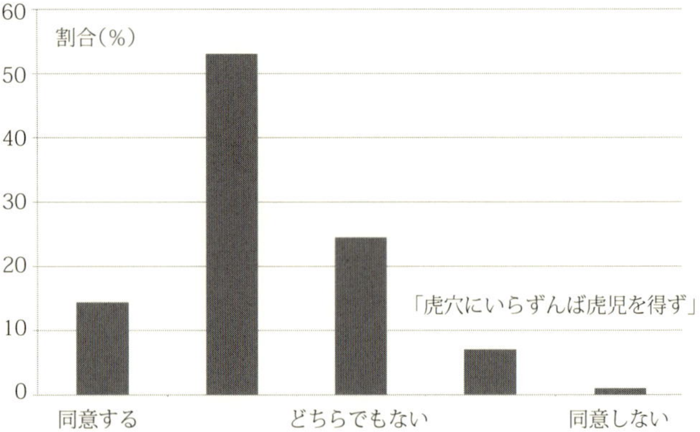

「虎穴にいらずんば虎児を得ず」

ケースは少なくとも選挙区か比例区で自民党に投票した者のみを含む。
データ出所：JES V（2013年インターネット調査）

は70%弱である一方，このことわざに同意しないあるいは，あまり同意しないリスク回避的な回答者は10%弱となっており，この図で見るかぎり圧倒的にリスク受容的な傾向をもつ回答者の割合が高くなっている。これは，このことわざは一般的に勇敢さを表すたとえとして肯定的な文脈で用いられることが多いことが1つの原因であると考えられるが，本章での分析ではこの変数をあくまで相対的な尺度をもつ連続変数として扱うので分析上は大きな問題とはならない。ここでは仮説に即して，この質問で「同意しない」と答えるほど点数が高くなるように，順番に1から5の数字を割り当て，リスク回避度の変数として扱う。

また独立変数であるこのリスク回避度が従属変数である分割投票に与える影響を正しく推定するためには，統計的統制を行う必要がある。たとえば，「変数Zが上昇すると変数Xが上昇する」，「変数Zが上昇すると変数Yが上昇する」という関係がある場合，もし変数Zで統制しなければ，実際には無関係でも見かけ上「変数Xが上昇すると，変数Yが上昇する」という関係が回帰分析において推定されてしまう。こうした「偽の関係」の可能性を排除するためには，理論的に独立変数にも従属変数にも影響を与えうる（相関をもちうる，ではない）変数を統制変数としてモデルに投入する必要がある。ただし，理論的な因果関係において独立変数と従属変数の間に位置すると考

えられる変数や，独立変数にのみ影響を与えている変数は統制変数としてモデルに含めるべきではない(King et al.1994)。

このような考えにもとづき，リスク態度が分割投票に与える影響を正しく推定するために，経済状態認識を統制変数としてモデルに投入する。すなわちこの背後には，「経済状態が悪いと感じる有権者ほど分割投票を行う」，「経済状態が悪いと感じる有権者ほどリスク受容的になる」という考えが存在する。コーディングは，「今の日本の景気」について「かなり良い」と答えたなら"1"，「やや良い」と答えたなら"2"，「どちらでもない」と答えたなら"3"，「やや悪い」と答えたなら"4"，「かなり悪い」と答えたなら"5"とする。その他，有権者の属性に関する統制変数として，男性ダミー，年齢，自営業ダミー，大卒ダミー，世帯年収800万円以上ダミーもモデルに投入する。

推定するモデルは，従属変数の分割投票における「比例区・選挙区とも自民党に投票」，すなわち「分割なし」をベースカテゴリとした多項ロジットである。分析の対象となるのは，少なくとも比例区か選挙区のどちらかで自民党に投票したと答えた回答者であるが，これだと先述した「強制的分割投票」に直面した回答者を排除できない。そこで，これとは別に少なくとも比例区か選挙区のどちらかで自民党に投票したと答えた「自民党支持者」のみを対象とした同じ分析を行う。自民党は2013年参院選ではすべての選挙区で候補者を擁立しており，「選挙区で支持する政党の候補者に投票できない」という事態は自民党支持者には発生しないからである。分析に用いられた変数の記述統計は表4-2，推定結果はそれぞれ図4-2，図4-3のとおりである。

まず図4-2について黒丸は，参照カテゴリである「分割なし」と「選挙区

表4-2 分析に用いた変数の記述統計

変数	ケース数	平均値	標準偏差	最小値	最大値
分割投票	1065	.510	.818	0	2
リスク回避度	1065	2.273	.830	1	5
悪い経済状態認識	1065	3.171	.903	1	5
男性	1065	.555	.497	0	1
年齢	1065	45.390	13.472	20	69
自営業	1065	.111	.314	0	1
大卒	1065	.532	.499	0	1
世帯年収800万円以上	1065	.239	.427	0	1

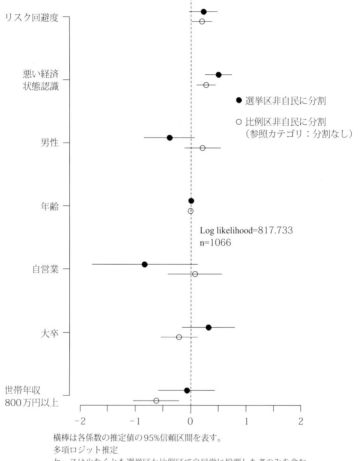

図4-2 自民党にかかわる分割投票の決定要因

横棒は各係数の推定値の95%信頼区間を表す。
多項ロジット推定
ケースは少なくとも選挙区か比例区で自民党に投票した者のみを含む。

非自民に分割」のオッズ比に与える影響を表す独立変数の係数の推定値，つまり「分割なし」と「選挙区非自民に分割」との間での選択に独立変数が与える影響の大きさを示している。これが正の値であればその独立変数が分割投票を促す要因になっている一方，負の値であれば分割投票を妨げる要因となっているということである。さらにその点の左右に伸びている横線は独立変数の係数の推定値の95%信頼区間であり，これが垂直の破線で示され

図4-3 自民党にかかわる分割投票の決定要因（自民党支持者のみ）

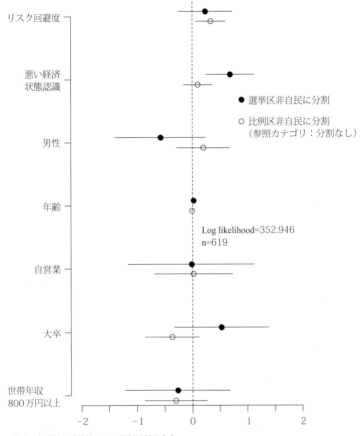

横棒は各係数の推定値の95％信頼区間を表す。
多項ロジット推定
ケースは少なくとも選挙区か比例区で自民党に投票した自民党支持者のみを含む。

る0をまたいでいなければ，推定値は5％水準で統計的に有意に0とは異なる。また白色の点は，参照カテゴリである「分割なし」と「比例区非自民に分割」のオッズ比に与える影響を表す独立変数の係数の推定値を示しており，以下同様となる。

仮説の予測どおり「選挙区非自民に分割」と「比例区自民に分割」の両方において，リスク回避度はそれぞれ正の推定値を示している。統計的有意水

準について，リスク回避度の「選挙区非自民に分割」への影響は0の線を少しまたいでいることから辛うじて5％水準で統計的に有意とは言えないが，ほぼそれに近い有意水準となっている一方，リスク回避度の「比例区非自民に分割」は0の線をまたいでおらず，5％水準で統計的に有意である。すなわち，経済状態認識や個人属性の影響を考慮してもなお，リスク回避度が高い有権者ほど分割投票を行う傾向があった。

悪い経済状態認識は両方の式において1％水準で統計的に有意な正の推定値を示しており，悪い経済状態認識をもつ有権者ほど，選挙区，比例区とも分割投票を行う傾向にあることがうかがえる。さらに，男性ダミーと自営業ダミーが「選挙区非自民に分割投票」において10％水準で統計的に有意な負の推定値を示しているが，これは男性ほど，また自営業に従事している人ほど比例区で自民党に投票する一方，選挙区では別の政党の候補者に投票するというタイプの分割投票を行わないということを表す。また，世帯年収800万円以上ダミーが「比例区非自民に分割投票」に対して1％水準で統計的に有意な負の推定値を示しているのは，世帯年収が800万円以上の人ほど，比例区では自民党以外の政党に投票する一方，選挙区では自民党以外の政党の候補者に投票するというタイプの分割投票を行わない，ということを意味する。

次に「強制的分割投票」の問題を回避するべく分析対象を，自民党支持者のみに絞った図4-3の結果について見ると，リスク回避度は「選挙区非自民に分割投票」の式では統計的に有意な推定値を示していないものの，「比例区非自民に分割投票」の式では5％水準で統計的に有意な正の推定値を示している。つまり，リスク回避的な自民党支持者ほど，選挙区では自民党候補者に投票するものの，自民党を支持しているにもかかわらず比例区では別の政党に投票するという形の分割投票を行う傾向にある。一方，悪い経済状態認識は「選挙区非自民に分割投票」に対してのみ1％水準で統計的に有意な正の推定値を示している。

さらに，分割投票に対する有権者のリスク態度の影響をより具体的に解釈するために，図4-2の自民党支持者のみを対象とした分析の推定結果にもとづいて一種のシミュレーションを行う。まずは，現在の経済状態をかなり悪いと認識する，大卒，年齢40歳，非自営業，世帯年収800円未満の男性自民党支持者を想定しよう。図4-4は，この自民党支持者が，比例区，選挙区

図4-4　リスク回避度の違いによる分割投票の予測確率の変化

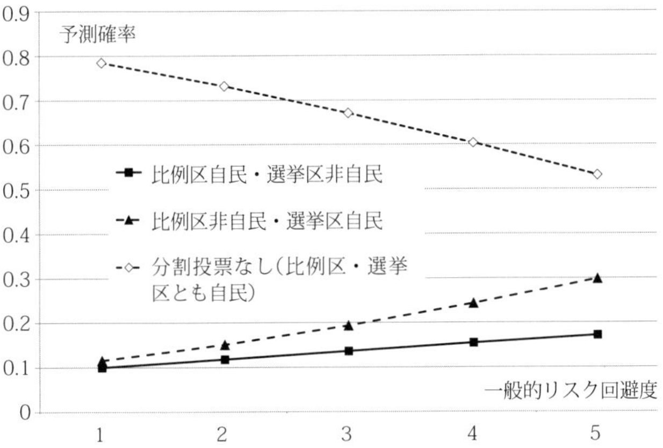

凡例:
- ■ 比例区自民・選挙区非自民
- ▲ 比例区非自民・選挙区自民
- ◇ 分割投票なし（比例区・選挙区とも自民）

横軸：一般的リスク回避度
縦軸：予測確率

現在の経済状態をかなり悪いと認識する，大卒，年齢40歳，非自営業，世帯年収800万円未満の男性の自民党支持者を想定。

ともに自民党に投票する確率，すなわち分割投票しない確率（「分割なし」），比例区では自民党に投票するが，選挙区では別の政党の候補者に投票する確率（「比例区自民・選挙区非自民」），比例区では別の政党に投票するが，選挙区では自民党の候補者に投票する確率（「比例区非自民・選挙区自民」）が，リスク回避度によってどのように変化するかそれぞれの予測確率をプロットしたものである。

この図を見てわかるとおり，この自民党支持者が最もリスク受容的な態度（1）をもつ場合，約80％もの確率で分割投票を行わないが，最もリスク回避的な場合，約50％もの確率で分割投票を行うなど，リスク態度によって分割投票を行う確率が最大約30％も変化する。また，比例区で自民党に投票するが選挙区では自民党以外に投票するというタイプの分割投票を行う確率は，リスク回避度が上がってもあまり大きくは上昇しないが，選挙区では自民党の候補者に投票するが比例区では自民党以外の政党に投票するというタイプの分割投票は，リスク回避度が強まるにつれ多く見られるようになる。つまりリスク回避的になるほど分割投票が増えるのは，主にこのタイプの分割投票が増えるからである。以上の分析から，2013年参院選において，リスク回避的な有権者ほど分割投票を行ったとの仮説は検証されたと言えるであろう。

まとめ

　本章の分析結果をまとめると次のようになる。経済状態認識や個人属性の影響を考慮した上でも，リスク回避的な有権者ほど2013年参院選において比例区と選挙区の両方で自民党に投票するのではなく，どちらか一方でのみ自民党に投票する傾向が強かった。また自民党支持者の中で見た場合でも，リスク回避的な自民党支持者ほど，選挙区では自民党候補者に投票するものの，比例区では自民党以外に投票するというタイプの分割投票を行う傾向が見られた。言い換えれば，リスク受容的な有権者ほど，比例区，選挙区の両方で自民党に投票する傾向が強かった。

　こうした結果は，もし有権者がよりリスク受容的であった場合，自民党は実際よりももっと躍進したということを示唆する。すなわち，経済の悪化など何らかの事情によるリスク志向有権者の増加は，より強大な権力基盤をもつ与党の誕生に繋がる可能性がある。なぜ有権者は2012年衆院選に引き続いて2013年参院選で自民党を勝たせることによってより大きな権力を与えたのか。もちろんその政策を支持したということもあろうが，本章の知見からの暫定的な1つの答えは，有権者が急激な政策変化による不確実性を好んだから，というものである。不確実性は一般的にはネガティブな要因であるが，「このまま現状を維持してもジリ貧となるばかりである。リスクを取らないことには大きな成果を得られない」などと信じた有権者が経済分野をはじめとして独自の政策を大胆に進めようとする安倍政権の姿勢を支持したのではないだろうか。

　また本章の分析を通じて，政権の応答性を高めようとする有権者の存在を前提とした従来の牽制投票の説明に新たな可能性を示した。すなわち，有権者が強すぎる与党を嫌う背景には，必ずしも応答性の低下への懸念だけではなく，強大な権力を背景とした急激な政策変化がもたらす不確実性への不安が存在する。1996年に小選挙区が導入され，中選挙区制下よりも容易に政権交代が起こるようになり，いかなる与党も権力の座に安住できない近年の日本政治において，こうした説明はより大きな妥当性をもつのではないだろうか。

このように2013年7月の参院選で勝利した安倍政権は，いよいよ本格的に安全保障政策の見直しにとりかかる。その手始めとして行ったのが2014年7月の集団的自衛権限定的行使容認の閣議決定である。この閣議決定は最終的に，2015年9月の安全保障関連法案可決へと繋がった。次章では，こうした安全保障政策の大きな転換をなぜ有権者は支持したのか検証する。

第5章
政策変更——2014年7月閣議決定

　2013年7月の参院選で勝利し，両院で多数派の地位を確保した安倍政権はいよいよ安全保障政策でも現状変更に取り組むこととなる。その嚆矢となったのが，集団的自衛権の行使を限定的に容認する，2014年7月の閣議決定である。日米同盟強化を見据えた自衛隊の軍事的役割の拡大は，いわゆる「アベノミクス」と呼ばれる経済政策と並んで，第2次安倍政権が取り組んだ最も大きな課題の1つであった。集団的自衛権とは，ある国家が武力攻撃を受けた場合に直接に攻撃を受けていない第三国が協力して共同で防衛を行う国際法上の権利のことを指す。これは国連憲章でも認められた権利である。しかしながら，日本政府は従来，日本国憲法9条がその行使を禁じているとの見解を示していた。

　それに対して安倍政権は，2014年7月1日，政府による憲法解釈を変更し，集団的自衛権の限定的行使を容認する閣議決定を行った。マスメディアは連日この動きを大々的に報道し，これに反対する市民による抗議活動が各地で行われた。しかし，閣議決定の後も内閣支持率がほとんど変動しなかったことからもわかるとおり，大多数の有権者はこれを支持しないまでも，積極的に反対の立場を取ることは無かったと思われる。1990年代以前には，今回の閣議決定と同様の，日本の軍事的役割を拡大させる政策変更が有権者の激しい反対にしばしば直面していたことを考えると，これは注目に値することである。どのような有権者が，こうした安倍政権による安全保障政策の大きな政策変更を支持したのであろうか。より一般的に，どのような有権者が，より積極的な安全保障政策への転換を支持するのであろうか。

　本章では，これらの問いに答えるべく，同盟政治における安全保障ジレン

マ（Snyder 1984）の理論を参照しつつ，リスク受容的な態度をもつ有権者ほど，安倍政権による集団的自衛権限定的行使容認の閣議決定を支持するとの仮説を提示する。閣議決定では，集団的自衛権を限定的に行使容認することによって，日米同盟の抑止力が高まると想定されていた。しかしそうすることによって，今後アメリカが関与する戦争に日本も巻き込まれやすくなるとの見解もあった。つまり，政府が集団的自衛権の行使を容認することは，良い結果を招くことも，悪い結果を招くことも考えられる不確実性の高い選択肢を選んだことを意味する。一方で，現状を維持することは，今後中国の経済力，軍事力が伸長し潜在的脅威がますます高まることが予見される中で，悪い意味で不確実性の低い選択肢である。本章ではこうした仮説を，閣議決定から3週間後に実施された独自のインターネット調査によって検証する。

リサーチクエスチョン

　安倍首相にとって，日本が国際社会の平和と安全に責任をもち，国際秩序を維持する上でより積極的役割を果たせるようになることは長年の悲願であった（安倍 2013）。しかしながら，武力行使を禁じ，戦力不保持を定めた憲法9条を改正するという，2006年9月に成立した第1期安倍政権における試みは，世論の反対により，挫折を余儀なくされた。結局このときは2007年7月の参院選の敗北の後，健康問題を理由に安倍首相は辞任することとなった。

　それゆえ，2012年12月に政権に返り咲いたことは，安倍首相に再び自らの宿願を実現する絶好の機会を与えた。安倍首相は前回の失敗をふまえ，同じ目的を実現するために別の手段に訴えた。すなわち安倍政権は，憲法改正を試みる代わりに，2014年7月1日，憲法9条は集団的自衛権の行使を禁じているとの従来の政府の憲法解釈を変更することによって，集団的自衛権の行使を限定的に容認する閣議決定を行ったのである。閣議決定では「日米安全保障体制の実効性を一層高め，日米同盟の抑止力を向上させる」ということのみならず，「国際協調主義に基づく「積極的平和主義」の下，国際社

会の平和と安定にこれまで以上に積極的に貢献する」ことが謳われていた[1]。

閣議決定の前,有権者は集団的自衛権の行使容認に対して複雑な感情を示していた。たとえば朝日新聞の調査で,「憲法の解釈を変えて,集団的自衛権を使えるようにすること」の賛否を2択で問うたところ,2014年4月の時点で賛成が27%,反対が56%と後者が前者を大きく上回っていた[2]。しかし一方で,3択でたずねた2014年5月の読売新聞世論調査では,「全面的に使えるようにすべきだ」が8%,「必要最小限の範囲で使えるようにすべきだ」が63%,「使えるようにする必要はない」が26%と[3],全面的に集団的自衛権の行使容認に反対している有権者は必ずしも多いわけではなかった。

また閣議決定後には,若干内閣支持率に低下が見られたものの,図5-1にあるとおり,その後すぐに回復した。つまりほとんどの有権者は,閣議決定

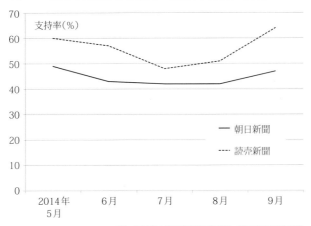

図5-1 集団的自衛権行使容認の閣議決定前後の内閣支持率

データ出所:朝日新聞世論調査,読売新聞世論調査

---

1 閣議決定(平成26年7月1日)「国の存立を全うし,国民を守るための切れ目のない安全保障法制の整備について」http://www.cas.go.jp/jp/gaiyou/jimu/pdf/anpohosei.pdf(2016年1月26日閲覧)
2 「朝日新聞社世論調査 質問と回答」『朝日新聞』2014年04月22日付朝刊
3 「集団自衛権 71%容認 本社世論調査『限定』支持は63%」『読売新聞』2016年5月11日付朝刊

に賛成か反対かと聞かれると反対であったが，必ずしも積極的に反対していたわけではなく，閣議決定への有権者の態度が安倍政権への支持に大きな影響を及ぼすことはなかったのである。

このことは，1990年代以前の冷戦下の日本政治と比較すると驚くべきことであった。自民党は冷戦期を通じて日本の軍事的役割の拡大や，同盟国アメリカとの軍事的関係強化を繰り返し試みてきたが，こうした試みは一貫して有権者からの強い反対を受けてきた(Izumikawa 2010)。最も極端な例で言えば，いわゆる「安保闘争」と呼ばれる反政府，反米運動は1960年，広く労働者，学生，野党政治家を巻き込みつつ，改訂された日米安全保障条約の批准に強く反対した。結局，安保条約は国会で採決されたものの，当時の岸内閣は総辞職を余儀なくされた。また，ベトナム戦争期において朝鮮有事に備えて自衛隊統合幕僚会議が極秘に行っていた「三矢研究」への反発，1970年代における「自主防衛論」への批判に見られるように，第二次大戦後の日本の防衛政策は，国民世論の制約を強く受けていた。2000年代においてさえも，先にも述べたとおり2006年9月からの第1期安倍政権における，戦力の保持を禁じる憲法9条改正の試みは有権者の大きな反発を招いていた。

では，なぜ2014年7月の閣議決定では，それほど抵抗を受けることなく，安倍政権は安全保障政策の変更を行えたのであろうか。どのような有権者が軍事的役割の拡大という方向での安全保障政策の変更を支持したのであろうか。

理論的検討と仮説

こうした問いに答える上で有用なのが，「同盟政治における安全保障ジレンマ」(Snyder 1984)という概念である[4]。同盟とは「特定の状況下での，同

---

[4] 同盟政治における安全保障ジレンマを議論する際，Snyder (1984)ではもともと「見捨てられる恐怖」，「巻き込まれる恐怖」などと「恐怖(fear)」という言葉が用いられていたが，現在の国際関係論では「リスク(risk)」という言葉が用いられる場合が多い。しかし，本書では「有権者のリスク態度」という言葉の「リスク」と混同されることを避けるため，あえてもともとの「恐怖」という言葉を用いる。

盟外の国家に対する武力行使(あるいは不行使)のための諸国家による正式な組織」(Snyder 1997, 4)であり，集団的自衛権を前提に，同盟内の国家が同盟外の国から攻撃を受けた場合，同盟外の国に対して同盟内の国が一致して対抗することが想定されている。こうした同盟は，集団的防衛の義務の履行に関して，必然的に2つの種類の恐怖を意思決定者に喚び起させる。

　第一の恐怖は，自国が軍事紛争に巻き込まれたときに，同盟相手は集団的防衛の義務を履行するコストを本当に払ってくれるのか，という疑問に関係する。これは，日本のコンテクストに置き換えるならば，日本が他国から攻撃された場合，同盟国であるアメリカは本当に犠牲を払ってまで日本を助けてくれるのか，との懸念を意味する。こうした懸念は，「見捨てられる恐怖」と呼ばれ，同盟関係を強化しようとする動機となる。

　しかしながら，同盟関係を強化することで，今度は同盟相手が関与する戦争に巻き込まれやすくなるという恐れが生じる。日本のコンテクストに置き換えるならば，日本が集団的自衛権行使を認め日米同盟を強化することによって，たとえば同盟国であるアメリカが戦争を始めた場合，日本はより大きな犠牲を伴う支援をしなくてはならないのではないかとの懸念があることを意味する。こうした「巻き込まれる恐怖」の存在は，同盟関係にあるとは言え，極力同盟国と距離を取ろうとする動機となる。

　このような同盟政治における安全保障ジレンマは，これまで主に国際関係におけるエリートの意思決定を分析する際に応用されてきた。しかし日本において有権者もまた，日本の安全保障政策について態度を形成する際にこうしたジレンマの存在を考慮してきたとの見解も存在する(Izumikawa 2010; 吉田 2012)。有権者は「巻き込まれる恐怖」を強く認識したとき，政府による同盟国との関係強化の試みに反対する一方，「見捨てられる恐怖」を強く認識したとき，政府による同盟国との関係強化の試みに賛成するであろう。

　さて，有権者のリスク態度と関連する仮説を導出する上で問題となるのは，2014年7月の時点で，日本の有権者はどちらの恐怖を強く認識しているか，ということである。当時，日本の有権者は2つの選択肢を示されていたと言える。1つは集団的自衛権の行使を認めず，現状を維持するという選択肢である。この場合，日本が他国から攻撃された際に，アメリカに見捨てられるのではないかとの「見捨てられる恐怖」が問題となる。一方，もう1つの選択肢は，集団的自衛権の行使を認め，日米同盟を強化するという選択

肢である。この場合，今後アメリカが戦争を始めた場合，日本がそれに巻き込まれてしまうのではないかとの，「巻き込まれる恐怖」が問題となる。

　どちらの恐怖がより現実的かは，国際環境に依存する(Cha 1999; Christensen 1999)。そして，近年の国際環境を考慮すると，現在の日本においては「見捨てられる恐怖」の方が「巻き込まれる恐怖」よりも現実的，あるいは確実性が高いと考えられる。現在，日本は経済的にも軍事的にも伸長する中国と，尖閣諸島をめぐる領土問題をはじめとしてさまざまな摩擦を抱えている。中国は『国防白書』の中でも，海洋進出を打ち出しており，その対象には当然東シナ海が含まれる[5]。また，2015年1月の内閣府の世論調査[6]では，現在の世界の情勢から考えて日本が戦争を仕掛けられたり戦争に巻込まれたりする危険があると思うか，という質問に対して，「危険がある」と答えた割合は，75.5％（「危険がある」28.3％＋「どちらかといえば危険がある」47.2％）と，実に4人のうち3人にも上る。さらに同盟国であるアメリカ側を見ると，2015年5月から6月にかけてアメリカで実施されたChicago Council on Global Affairsの世論調査[7]では，中国が島の領有権をめぐって日本に対して軍事紛争を始めた場合に，アメリカ軍の派遣に賛成するアメリカの有権者の割合は33％にしか過ぎなかった。

　こうした「見捨てられる恐怖」の，日本にとっての現実性が改めて認識されたのが，2013年11月23日の中国による尖閣諸島周辺を含む東シナ海上空での防空識別圏設定であった。防空識別圏とは，各国が防空上の必要性から領空とは別に設定した空域のことを意味し，そこでは常時防空監視が行われ，強制力はないが，あらかじめ飛行計画を提出せずここに進入する航空機には識別と証明を求められる。さらに領空侵犯の危険がある航空機に対しては軍事的予防措置などを行使することもある。

---

[5] 「国防白書：中国の武装力の多様な運用(全文)―中華人民共和国国務院新聞弁公室2013年4月」『人民日報』日本語版　http://j.people.com.cn/94474/8211910.html　（2016年1月24日閲覧）

[6] 内閣府「自衛隊・防衛問題に関する世論調査」平成26年度　http://survey.gov-online.go.jp/h26/h26-bouei/2-6.html

[7] Chicago Council on Global Affairs. "America Divided: Political Partisanship and US Foreign Policy." September 15, 2015. http://www.thechicagocouncil.org/publication/america-divided-political-partisanship-and-us-foreign-policy（2016年1月23日閲覧）

このような中国による東アジアでの現状変更の動きに対して，当然アメリカは日米同盟に即し，日本の側に立った対応を示してくれるはずである。とは言え，とりわけアメリカにとっての中国の経済的な重要性を考慮すると，どの程度アメリカが日本の肩をもってくれるのかとの懸念も生じ，日本の政府，マスコミ，国民の間に不安が広がった。結局このときは，中国による防空識別圏設定直後の11月26日，アメリカのB52爆撃機2機が尖閣諸島付近で飛行訓練を行い，防空識別圏を通告なしで飛行したり，12月に来日したジョー・バイデン副大統領が日米同盟の強固さを強調し，中国に対しては懸念を表明したりするなど，日本側の不安は収束した。しかし，この事件によって，多くの日本の有権者は中国との有事の際にはアメリカに見捨てられてしまうのではないか，との恐怖を現実的なものとして理解したことは想像に難くない。

一方で，「巻き込まれる恐怖」については，当然そうした懸念も存在していた。集団的自衛権行使を容認することで安全保障政策を変更したために，アメリカの戦争に深くかかわることになり，結果として現状よりも日本の安全保障が損なわれるという可能性は少なくとも理論的には十分考えられる。実際，反対派はこうした「巻き込まれる恐怖」を強調することで，安倍政権が進める安保法制を批判し，世論に訴えかけていた。たとえば，前衆議院議員で元自民党幹事長の加藤紘一が2014年5月18日付の共産党の機関紙『赤旗』に登場し，集団的自衛権の行使容認により「米国の要請で自衛隊が地球の裏側まで行くことは十分に想定される」と，安倍政権の動きを批判したことは，大きな話題となった[8]。

以上のような同盟政治のジレンマの理論における2つの恐怖をふまえて，集団的自衛権の行使を容認するという選択肢は，不確実性の高い選択肢であったと言える。すなわち，集団的自衛権の行使を限定的であれ認めることで，日米同盟が強化され日本の抑止力が高まる可能性がある一方，アメリカの戦争に巻き込まれてしまう可能性も高まるのである。それに対して，集団的自衛権行使容認に反対し現状を維持することは，経済的にも軍事的にも近年成長が著しい中国を前に，多くの有権者にとって長期的に見て確実に損失を蒙る，悪い意味で不確実性が低い選択肢であったと考えられる。つまり，

---

8 『しんぶん赤旗』2014年5月18日付日曜版

集団的自衛権の行使を容認することで，うまくいけば日本の安全保障は高められるが，最悪の場合アメリカの戦争に巻き込まれてしまうというギャンブルを行うか，それとも集団的自衛権の行使を容認せず現状を維持し，このまま長期的には日本の安全保障を損ねるか，の選択が有権者に提示されたのである。

　このような2つの選択肢を前提に，閣議決定の支持／不支持を分けた原因として以下の仮説が考えられる。すなわち，党派性など他の要因を考慮した上で，リスク受容的な有権者ほど閣議決定を支持したであろう，という仮説である。不確実性を好むリスク受容的な有権者ほど，現状よりも日本の安全保障環境が良くなることを期待し，アメリカの戦争に巻き込まれる可能性があることを理解しつつも閣議決定を支持した。反対に，不確実性を好まないリスク回避的な有権者ほど，集団的自衛権行使を容認することで，現状よりも日本の安全保障環境が悪くなる可能性を嫌い，閣議決定を支持しなかったと考えられるのである。

データ分析

　この仮説を検証するために，第2章でも用いた独自のインターネット調査のデータを分析する。この調査は選挙とは無関係に，集団的自衛権行使容認の閣議決定から約3週間後の，2014年7月23日（水）から7月28日（月）にかけて日経リサーチ社に登録されたパネルを対象に実施され，20歳以上の男女1788名から回答を得たものである（登録パネルからの年齢，性別，居住地域による割当て抽出標本）[9]。独立変数である，リスク態度はJapanese Election Study Vにも含まれている2つの質問によって，測定される。1つは「虎穴に入らずんば虎児を得ず」ということわざに同意する程度で測定した一般的なリスク態度。そしてもう1つは，景気を良くするための政府の政策として「成功すれば効果は大きいが，失敗する可能性が高い政策」か「成功しても効果は小さいが，失敗する可能性が低い政策」のどちらを好むか，で

---

[9] この調査は，文部科学省科学研究費補助金・若手研究(B)（課題番号：24730117）「政党に対する有権者の業績評価とリスク態度」（研究代表：飯田健），平成24～26年度によって実施された。

測定した経済政策におけるリスク態度である。

また従属変数である，集団的自衛権行使容認への支持態度は次の質問によって測定された。

> 現在，政府では，集団的自衛権のあり方に関する議論がさかんに行われています。集団的自衛権とは，ある国が武力攻撃を受けた場合，その国と密接な関係にある他国が共同して防衛にあたる権利のことです。この権利は，国連憲章によっても各国に認められています。ただし，これまで日本政府は，憲法9条の規定によって集団的自衛権を行使することはできないとの立場を採ってきました。これについて安倍首相は，憲法解釈の変更によって，集団的自衛権を部分的に容認する立場へ変更することを主張しています。
>
> 以上のことを踏まえて，あなたは，集団的自衛権を容認することについて賛成ですか，それとも反対ですか。
>
> ・賛成
> ・どちらかといえば賛成
> ・どちらともいえない
> ・どちらかといえば反対
> ・反対

ただしもともとこの質問文は，別の研究テーマのためのサーベイ実験で用いられることを意図して作成されたものであり，実際には2つのパラグラフの間に，3種類の情報刺激が各回答者に対して無作為に挿入されている。上に示した情報刺激なしの統制群を意図したパターンも加えて，全部で4パターンの聞き方が存在する。しかしながら，これらの情報刺激は無作為に与えられているため，多変量解析のような無作為ではない有権者の特定の特徴を示す変数によって集団を分けて，集団間での支持傾向の違いを検証する上では障害とならない。ただし，絶対的な意味でたとえばある集団が集団的自衛権行使容認を支持する割合が50%を下回っているかどうかなど，母集団の特徴を推測する目的で使用するのには不適切である。

まずは，独立変数の2つのリスク態度変数と集団的自衛権行使容認への支

持との相関を確認しよう。リスク態度変数についてそれぞれ，リスク受容的なほど高い値を示すように各回答に数字を割り当てる。また，集団的自衛権行使容認への支持については，「賛成」になるほど高い値を示すように各回答に数字を割り当てる。そしてそれらの間の相関を取った結果が下に示したものである。

・一般的リスク態度—集団的自衛権行使容認支持：$r = +0.238 (p = 0.000)$
・経済政策リスク態度—集団的自衛権行使容認支持：$r = +0.083 (p = 0.000)$

これによると，一般的リスク態度も経済政策リスク態度も，後者の方が弱いものの，集団的自衛権行使容認支持と1％水準で統計的に有意な正の相関をもつ。つまり，一般的リスク態度および経済政策リスク態度においてリスク受容的な有権者ほど，集団的自衛権行使容認支持の度合いが強いという関係性が見いだせる。

これらの変数間の関係をより具体的に理解するために，集団的自衛権支持について，「賛成」および「どちらかといえば賛成」と答えた割合を足し合わせたものを，集団的自衛権行使容認の支持の割合とし，リスク態度の違いによってこれがどのように異なるのか見てみる。図5-2は一般的リスク態度

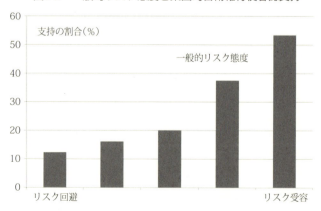

図5-2　一般的リスク態度と集団的自衛権行使容認支持

データ出所：筆者によるインターネット調査（2014年7月実施）

の度合いごとに，集団的自衛権行使容認の支持の割合を示したものである。

これを見てわかるとおり，リスク受容的な態度を示す回答者グループほど顕著に集団的自衛権行使容認を支持する割合が高い。質問文に即してより具体的に解釈すると，「虎穴に入らずんば虎児を得ず」ということわざに「同意する」と答えた最もリスク受容的な回答者の間では，約53％が集団的自衛権行使容認について「賛成」あるいは「どちらかといえば賛成」と答えている。一方，このことわざに「同意しない」と答えた最もリスク回避的な回答者の間では，その割合は12.3％しかない。

さらに，図5-3は経済政策リスク態度の度合いごとに，集団的自衛権行使容認の支持の割合を示したものである。これによると，やはりリスク受容的な態度を示す回答者グループの方が他のグループに比べて集団的自衛権行使容認を支持する割合が高い。質問文に即してより具体的に解釈すると，景気を良くするために政府が実施すべき政策として，「成功すれば効果は大きいが，失敗する可能性が高い政策」が好ましいと答えた最もリスク受容的な回答者の間では，約43％が集団的自衛権行使容認について「賛成」あるいは「どちらかといえば賛成」と答えている一方，「成功しても効果は小さいが，失敗する可能性が低い政策」が好ましいと答えた最もリスク回避的な回答者の間では，その割合は約30％しかない。

以上のことより，2変数間の関係として，リスク受容的な態度と集団的自

図5-3 経済政策リスク態度と集団的自衛権行使容認支持

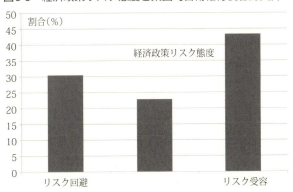

データ出所：筆者によるインターネット調査（2014年7月実施）

衛権行使容認支持とが関連していることがわかった。以下ではさらに，一般的リスク態度と経済政策リスク態度におけるリスク受容度を独立変数，集団的自衛権行使容認支持の度合いを従属変数とする多変量解析を行う。

独立変数である一般的リスク態度におけるリスク受容度について，受容度が高いほど値が大きくなるように，「虎穴に入らずんば虎児を得ず」ということわざに対して，「同意しない」との回答を1，「あまり同意しない」との回答を2，「どちらでもない」との回答を3，「ある程度同意する」との回答を4，「同意する」との回答を5とコード化する。経済政策におけるリスク態度におけるリスク受容度について，受容度が高いほど値が大きくなるように，「成功しても効果は小さいが，失敗する可能性が低い政策」の方を好むとする回答は1，「どちらでもない」との回答は1，「成功すれば効果は大きいが，失敗する可能性が高い政策」との回答は3とコード化する。

また，従属変数である集団的自衛権行使容認支持の度合いについて，支持の度合いが大きいほど値が大きくなるように，「反対」との回答を1，「どちらかといえば反対」との回答を2，「どちらともいえない」との回答を3，「どちらかといえば賛成」との回答を4，「賛成」との回答を5とコード化する。

さらに統制変数として，基本的な個人属性，政党支持態度，経済状態認識をモデルに含める。基本的な個人属性としてモデルに含められる変数は，性別（1：男，0：女），年齢（年齢をそのまま），世帯収入（1：200万円未満，2：200以上〜400万円未満，3：400以上〜600万円未満，4：600以上〜800万円未満，5：800以上〜1000万円未満，6：1000万円以上），大卒（1：大卒，0：非大卒）である。政党支持態度は，自民党支持ダミー（1：自民党支持，0：それ以外），公明党支持ダミー（1：公明党支持，0：それ以外），野党支持ダミー（1：野党支持，0：それ以外）の3つのダミー変数からなる（参照カテゴリは「支持する政党はない」）。最後に，経済状態認識は，現在の日本の景気について経済状態認識が悪くなるほど数値が高くなるように，「良い」，「やや良い」，「良くも悪くもない」，「やや悪い」，「悪い」の回答に対してそれぞれ1から5の数値を与える。

この中で最も重要な統制変数は経済状態認識である。と言うのも，アベノミクスの実績を評価し，経済状態を良いと認識する有権者ほど，安倍政権を支持する意図をもち，その政策である集団的自衛権行使容認を支持すると考えられるからである。つまり，日米同盟強化という安全保障政策を支持する

のではなく，あくまで良い経済状態をもたらした安倍政権の安全保障政策だから支持する，という可能性が考えられる。この調査が行われた時期は日経平均株価が安定して1万5千円台に乗り始めた時期であり，当時の有権者の関心事からしてこうした可能性は非常に高い。

図5-4は，この同じ2014年7月の調査において，ふだんから興味のある政治に関する争点として選択肢の中から複数回答で回答されたものを，争点ごとに集計したものである。

これによると，興味のある争点として最も多く回答されたのが「年金」，次いで僅差で「景気対策」であり，それぞれ言及率は約60％，約59％となっている。それと比べて，集団的自衛権行使容認の問題と関連の深い，「外交」および「憲法(護憲・改憲)」はそれぞれ言及率約36％，約26％とかなり低くなっている。つまり，議論を巻き起こした集団的自衛権行使容認の閣議決定の直後であっても，安全保障や憲法の問題は年金や景気対策といった経済的な問題と比べて有権者の間では関心を持たれていなかったのである。

これらをふまえて，分析では統制変数として経済状態認識を加えることで，経済状態を良いと認識する有権者ほど，安倍政権を支持する意図をもち，その政策である集団的自衛権行使容認を支持するという可能性を考慮してもなお，リスク態度が集団的自衛権行使容認支持と関係があるか，より厳

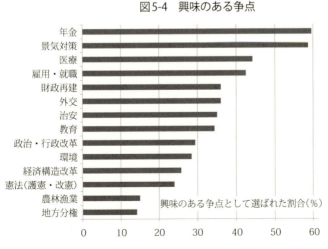

図5-4　興味のある争点

データ出所：筆者によるインターネット調査(2014年7月実施)

表5-1 分析に用いた変数の記述統計

変数	ケース数	平均値	標準偏差	最小値	最大値
集団的自衛権行使容認支持	1788	2.663	1.403	1	5
男性ダミー	1788	0.513	0.500	0	1
年齢	1788	44.610	13.424	20	69
世帯収入	1788	3.347	1.516	1	6
大卒ダミー	1788	0.572	0.495	0	1
自民党支持ダミー	1788	0.262	0.440	0	1
公明党支持ダミー	1788	0.016	0.124	0	1
野党支持ダミー	1788	0.201	0.401	0	1
悪い経済状態認識	1788	3.340	0.936	1	5
一般的リスク受容	1788	3.455	0.970	1	5
経済政策リスク受容	1788	1.628	0.765	1	3

密に検討する。

　従属変数の集団的自衛権行使容認支持は理論的に連続尺度ではなく，順序尺度なので，分析にあたっては順序ロジットを用いる。分析に用いた変数の記述統計は表5-1，分析結果は表5-2に示したとおりである。

表5-2 集団的自衛権行使容認支持の決定要因

独立変数	推定値	
男性ダミー	0.418**	(0.093)
年齢	-0.008**	(0.003)
世帯収入	-0.063*	(0.034)
大卒ダミー	-0.337**	(0.095)
自民党支持ダミー	1.766**	(0.117)
公明党支持ダミー	0.337	(0.367)
野党支持ダミー	-0.454**	(0.123)
悪い経済状態認識	-0.577**	(0.053)
一般的リスク受容	0.292**	(0.049)
経済政策リスク受容	0.120*	(0.058)
n	1788	
AIC	4975.296	

有意水準：†：10％ *：5％ **：1％
カッコ内は標準誤差
順序ロジット
定数項の推定値は表から省略

　表5-2に示された結果からわかるように，他の変数の影響を考慮してもなお，一般的なリスク受容的態度と経済政策におけるリスク受容的態度は，集団的自衛権行使容認支持に対してそれぞれ1％水準と5％水準で統計的に有意な正の影響を与えている。すなわち，政党支持や経済状況認識の影響を考慮してもなお，「虎穴に入らずんば虎児を得ず」とのことわざに同意する回答者ほど，また「成功すれば効果は大きいが，失敗する可能性が高い政策」よりも「成功しても効果は小さいが，失敗する可

能性が低い政策」の方を好ましいと答えた回答者ほど，集団的自衛権行使容認を支持する傾向が見て取れる。これは仮説どおりの結果である。

他にも，男性ダミー，自民党支持ダミーが1％水準で統計的に有意な正の影響を示しており，これは女性よりも男性ほど，自民党支持者ほど集団的自衛権行使容認を支持しやすいということを意味する。女性の方が男性よりも，軍事力行使の可能性に対して否定的な態度を取るということはアメリカでも見られる現象であるが（Conover and Sapiro 1993），そうした性差が全く異なる文化的コンテクスト，あるいは安全保障環境にある日本でも観察されたことは興味深いと言える。

反対に，年齢，世帯収入，大卒ダミー，その他野党支持ダミー，悪い経済状態認識が，世帯収入について5％水準である以外はすべて，1％水準で負の影響を示している。これは，年齢が高いほど，世帯収入が高いほど，大卒ほど，野党を支持しているほど，悪い経済状態認識をもっているほど，集団的自衛権行使容認を支持しない傾向があるということである。このうち特に注目すべきは，年齢である。年齢の高さは一般的に自民党支持の要因とされるが，ここでは安倍政権が進める安全保障政策への不支持を招く要因となっている。これは自民党支持層の中でも安全保障政策をめぐっては，世代間対立が存在している可能性を示唆する。

また，公明党は連立与党として議論の末，最終的に集団的自衛権行使容認で自民党に同調したものの，公明党支持者であるからと言って，政党支持をもたない有権者と比べて集団的自衛権行使容認を支持する傾向があるわけではないようである。これは長年，平和主義を掲げて自民党による防衛力増強，日米同盟強化に異を唱えてきた公明党を支持してきた有権者の心情からして納得のいくものであろう。

まとめ

本章では，集団的自衛権行使容認の閣議決定に対する有権者の支持の要因としてリスク態度を提示し，リスク受容的な有権者ほど集団的自衛権行使容認を支持したことを示した。現状を維持し集団的自衛権行使を容認しないことによって，中国の台頭やアメリカのコミットメントの低下など長期的には日本の安全が損なわれると考えられる一方，集団的自衛権行使を容認するこ

とでアメリカの戦争に巻き込まれる可能性が高まる。とは言え，集団的自衛権の行使を容認すれば，安倍首相の主張するように日米同盟が強化され，抑止力が高まる可能性もある。こうしたことをふまえ，リスク回避的な有権者は，それでもなお集団的自衛権行使を容認することで，アメリカの戦争に巻き込まれることを恐れ，それを支持しない一方，リスク受容的な有権者は，集団的自衛権行使を容認しないことで長期的にもたらされる日本の安全保障の低下を嫌い，集団的自衛権行使容認による日米同盟強化，抑止力向上の可能性に賭けたと言える。

このように一般的な意味におけるリスク受容的な態度が，より積極的な安全保障政策に対する支持を促すということは，今後，一般的な意味でのリスク受容的な有権者の割合が増えるにつれ，従来の枠組みを超えた安全保障政策の変更が有権者に許容されるということを示唆する。また同時に，有権者のリスク態度が変化しなくとも，安全保障政策における現状維持という選択肢が日本の安全保障環境の悪化を導くということが今後ますます確実性の高いものと認識されるようになれば，日本の軍事的役割を拡大させるという方針が有権者に支持される可能性が高くなるであろう。2014年7月において，手続き的に疑問視される向きのあった集団的自衛権行使容認の閣議決定が，かつてでは考えられないくらい有権者の反発を招かず，その後も内閣支持率が維持された背景には，好調に見える経済のほか，有権者の間でまさにこの「現状維持という選択肢が日本の安全保障環境の悪化を導く」との認識が広がってきているということがあるのかもしれない。

こうして集団的自衛権の限定的行使を容認することで安全保障政策を大きく変更した安倍政権は，政権誕生から2年を経て，2014年12月衆院選を迎えることとなる。結局この選挙でも2012年同様の勝利を収めたが，その背後では政治的に対極に位置する共産党が躍進していた。次章では両党の成功の背後にある要因を探ることを通じて，安倍政権が選挙政治に与えた影響について考察する。

第6章
政権の評価―2014年12月衆院選

　2012年12月の発足以降，経済政策，安全保障政策の分野で大きな政策変更を行ってきた安倍政権が，実質的に初めて選挙において有権者の評価を受けたのが2014年12月の衆院選であった。結果として，この選挙は自民党の大勝に終わった。議員定数削減の影響を受け少し議席を減らしたものの，自民党は単独で過半数，公明党との連立政権で全体の3分の2以上の議席を占めた。強力な野党の不在や，少なくとも高い株価や有効求人倍率という点で好調に見える経済状態を考えると，この結果は必ずしも驚くべきものでは無かった。

　一方でこの選挙で驚くべきは，イデオロギー的に全く別の立場である共産党の躍進であった。2012年衆院選と比較して共産党は得票数を実質的に増加させ，議席数を2倍以上に増やした。なぜ，自民党大勝の影でその対極とも言える共産党が躍進したのであろうか。本章は，こうした問いを検証することを通じて，安倍政権の2年間，そして安倍政権に対する有権者の評価の意味について検討する。

　自民党の大勝と共産党の躍進の原因について，マスコミなどでは衆院選として史上最低の投票率が組織票をもつ両党に有利に働いたとの観測が存在した。しかしながら，後の節で見るようにこの選挙において少なくとも都道府県レベルでは，前回に比べて投票率が低くなった都道府県ほど，両党の得票率が伸びたとの関係は見られない。つまりこうしたマスコミの観測はそれ単独では選挙結果について十分な説明を与えないと言える。また前回に比べて民主党が小選挙区に候補者を立てなかったことによって，共産党が潜在的な民主投票を獲得したとの説は，ある程度の説明力をもつが，それでもそれだ

けでは共産党の躍進を説明することはできない。

　本章においては有権者のリスク態度に注目しつつ，既存の理論では説明できないこうした「パズル」を解くことを試みる。端的に，安倍政権下での2年間経済政策は，国民全体を豊かにしたのではなく，まさに「ギャンブル」のように，勝者と敗者とを作り出してきた。資産をもっていたり，大企業で働いたりしている者は株価の上昇により恩恵を受けた一方，そうでない者はむしろ正規雇用の仕事の数が減り，所得が伸び悩むという現状を目の当たりにした。こうした安倍政権の政策に一貫して反対してきたのが共産党である。ほとんどの有権者にとって，共産党は対案を提示するというよりも，安倍政権の政策に異を唱え，それにブレーキをかける存在である。共産党が躍進することで，少なくとも安倍政権による「ギャンブル」に歯止めをかけることができるかもしれないと考えた有権者が共産党を支持したと考えられる。

　これらのことをふまえて本章では，政党支持や経済状態認識などの影響を考慮した上でも，リスク受容的な有権者ほど自民党に投票する一方，リスク回避的な有権者は共産党に投票する，との仮説を提示し検証する。

リサーチクエスチョン

　安倍政権発足後初めての衆院選となる，2014年12月の衆院選は与党自民党の勝利に終わった[1]。この選挙から適用された5議席の議員定数削減の影響もあり5議席減らしたものの[2]，自民党は475議席中291議席と，政権交代を実現した2012年衆院選とほぼ同じ議席数を獲得した。前回2012年の衆院選と比べて投票率が下がったことから，自民党の得票率は小選挙区において2012年の43.02%から2014年の48.1%へ，比例区でも27.62%から

1　本章で紹介する選挙結果の数字はすべて，総務省自治行政局選挙部の「衆議院議員総選挙・最高裁判所裁判官国民審査結果調」を参照した。http://www.soumu.go.jp/main_content/000328867.pdf（2016年1月26日閲覧）
2　人口の少ない福井，山梨，徳島，高知，佐賀の5県において定数3から2へと1議席の削減が行われた。2012年の選挙において自民党はこのうち3つの都道府県で議席を独占しており，2014年の獲得議席数は必然的に3議席減ることになっていた。

33.11%へとそれぞれ上昇した。その結果，衆議院においては単独過半数を確保しただけでなく，連立を組む公明党と合わせて 3 分の 2 以上の議席を維持した。

　こうした自民党の圧勝は経済投票的な観点(e.g., Fiorina 1981; Lewis-Beck 1988)からすると必ずしも驚くべきことではなかった。前回 2012 年衆院選後，安倍政権が発足するやいなや，安倍首相はインフレ目標付きの無制限の金融緩和をはじめとするいわゆる「アベノミクス」と呼ばれる一連の経済政策を実施した。アベノミクス下での貨幣供給量の増加によって，日本円は 2012 年 12 月の 1 ドル 83.64 円から，2012 年 12 月の 119.4 円へと 1 年間で大幅に円安ドル高が進んだ。結果として，それは製造業の輸出を後押しし業績を押し上げ，日経平均株価は，2012 年 12 月の 9814.38 円から 2014 年 12 月の 17541.69 円へとこちらも大幅に上昇した[3]。こうした企業の業績回復は雇用の増加をもたらし，有効求人倍率は 2012 年 12 月の 0.88 倍から 2014 年 12 月の 1.21 倍へと改善した[4]。

　このような経済状態を背景に，2014 年 12 月の衆院選直近の内閣支持率は 45.4%と比較的高い値を維持していた。一方で，民主党，日本維新の会，共産党といった野党の支持率はそれぞれ，5.9%，2.4%，2.0%と低迷していた[5]。要するにアベノミクスの実効性に対する懐疑は存在していたとは言え，こうした経済状況は少なくとも，民主党から政権を奪取した 2012 年の選挙と同程度には自民党が有権者の支持を獲得し，野党が有権者の支持を獲得するのを妨げたのである。

　一方，この選挙では共産党が躍進した。共産党は投票率の低下にもかかわらず小選挙区，比例区とも得票を増加させ，2012 年の 9 議席から 2014 年の 21 議席へと議席を 2 倍以上増やした。共産党の比例区得票率は 2012 年の 6.13%から 2014 年の 11.37%へと上昇したが，これはすべての政党の中で最も高い増加率であった。また共産党は小選挙区でも 2012 年の 7.88%か

3　為替レートと株価についての出典は日本経済新聞ウェブサイト。http://www.nikkei.com/biz/report/market/（2016 年 1 月 26 日閲覧）
4　厚生労働省「一般職業紹介状況(職業安定業務統計)」http://www.mhlw.go.jp/toukei/list/114-1.html（2016 年 1 月 26 日閲覧）
5　時事世論調査(2014 年 12 月)　http://www.crs.or.jp/backno/No687/6870.htm（2016 年 1 月 26 日閲覧）

ら2014年の13.3%へと得票率を伸ばし，野党間での協力を通じて，共産党は1996年以来となる小選挙区での議席を獲得した。

このような選挙結果は，それまでの共産党の長期低落傾向を考えると驚くべき結果であった。小選挙区制の導入以来，小政党としての共産党の比例区得票率は，1996年の13.08%，2000年の11.23%，2003年の7.76%，2005年の7.25%，2009年の7.03%，2012年の6.13%と下降の一途をたどっていた。それが2014年の衆院選では，突然増加に転じたのである[6]。なぜこうした自民党と共産党という対極に位置する政党が共に2014年衆院選で，存在感を示したのであろうか。

まず共産党の躍進の原因について，選挙に向けての準備不足のため民主党が候補者を立てられなかった小選挙区[7]において共産党が潜在的な民主党支持票を集めたから，ということが指摘されている。2012年には民主党と共産党の両方が候補者を立てたものの，2014年には民主党が候補者を立てなかった選挙区が81あった一方，2012年も2014年も民主党と共産党の両方が候補者を立てた小選挙区が199あった[8]。2012年と比べての共産党得票数の増加率は民主党が2014年には候補者を立てなかった小選挙区では86%であるのに対し，民主党が2014年にも候補者を立てた小選挙区では36%であった[9]。さらに，共産党が2014年に候補者を立てた292の小選挙区におい

6　共産党は2013年参院選でもすでに好調を示していたが，衆議院の小選挙区比例代表並立制よりも比例性の高い，中選挙区制と比例代表を維持する参議院での躍進はより可能性が高かった。

7　2014年11月21日，安倍首相は，任期がまだ半分も経過していない衆議院を突然解散し，12月14日に衆院選が実施されることが決まった。すなわち，衆議院解散から選挙まで23日間しかなかった。

8　ここでの計算を詳細に見ると，共産党は2014年に292の小選挙区で候補者を立てたが，そのうち12の小選挙区が，2014年位おける民主党候補の不在の共産党得票に対する影響を検証する目的に鑑み，除外されている。2つの小選挙区は民主党が2012年には候補者を立てなかったが，2014年には立てたので除外されている。10の小選挙区は，5議席の定数削減の影響の影響により区割りが変更されたため，除外されている。

9　民主党が2012年には候補者を立てたが，2014年には立てなかった81の小選挙区における，共産党の得票数の合計は2012年には1,306,992，2014年には2,439,555であった一方で，民主党が2012年も2014年も候補者を立てた199

て2012年から増加させた得票数の48.4%が，2014年に民主党が候補者を立てなかった81の小選挙区から得られたものである[10]。これらのことから，小選挙区における民主党候補者の不在は確かに共産党躍進に貢献したと言える。しかしながら，民主党が候補者を立てていた小選挙区でも共産党は36%も得票数を伸ばしたことから，民主党候補者の不在という要因だけで，共産が躍進したことをすべて説明することはできない。

さらに，2014年における自民党の勝利，共産党の躍進の理由としては，52.65%という史上最低の投票率が挙げられる[11]。確かに自民党と共産党は組織票をもつ政党として知られている。たとえば自民党は，後援会，農協，日本医師会といった組織を通じて票を掘り起こしてきた(e.g., Krauss and Pekkanen 2013; Shinoda 2013)。一方で，共産党は一般党員と労組を含む統制のとれた組織を有している(Er 1996)。これらの忠実な支持者たちは，選挙の争点に関係なく票を投じてくれる。こうしたことから，史上最低の得票率と相まって，組織票の存在は自民党の勝利と共産党の躍進に貢献した，と考えられるのである。

しかしながら，自民，共産両党の組織票の衰退を示す近年の傾向をふまえると，この説明には疑問が残る。自民党の政治家は票の掘り起こしのために後援会に頼り続けているとは言え(Krauss and Pekkanen 2013)，その加入率

の小選挙区における，共産党の得票数の合計は2012年には3,151,999，2014年には4,375,599であった。なお小選挙区の得票データの出典は，ノーステキサス大学前田耕氏のウェブサイトである。http://politicalscience.unt.edu/~maeda/（2016年1月26日閲覧）

10　共産党は小選挙区の得票を，2012年の4,700,287から2014年の7,040,130へと，2,339,843票増やした。そのうち1,132,563方は民主党が2014年には候補者を立てなかった選挙区で得られたものであった。

11　たとえば読売新聞は低投票率が共産党の得票率を押し上げた可能性について言及している。「投票率，戦後最低か…『50%台前半』予想も」『読売新聞』（2014年12月13日）http://www.yomiuri.co.jp/election/shugiin/2014/news2/20141213-OYT1T50033.html（2016年1月23日参照）

また，日本経済新聞でも史上最低の投票率と共産党の躍進が関連付けて論じられている。「公明・共産，組織票で躍進　低投票率が後押し」『日本経済新聞』（2014年12月15日）　http://www.nikkei.com/article/DGXLASFS15H0N_V11C14A2EB1000/（2016年1月23日参照）

は1970年代半ば以降，低下し続けている (Shinoda 2013)。農業従事者の選挙における影響力もまた，とりわけ近年自民党・安倍政権のTPP推進の姿勢により支持が離れたことから，一貫して下がってきている (Mulgan 2013)。警察庁によると，共産党についてもまた，機関誌である『しんぶん赤旗』の発行部数は減少の一途をたどっており，組織力に低下が見られる[12]。

実際，少なくとも都道府県レベルにおいて，低投票率は自民党，共産党の高得票率には結びついていない。図6-1 (a)，(b) は都道府県レベルにおける，2012年から2014年の投票率の変化と，自民，共産両党の得票率の変化をそれぞれ散布図にしたものである。これによると，2014年においては2012年と比べて，すべての都道府県で投票率の低下および自民，共産両党の得票率の上昇が見られたことがわかる。しかしながら，図6-1 (a) を見ると，投票率低下の度合いが小さい都道府県ほど，自民党の得票率が伸びたという傾向は全く見られない ($r = -0.04, p = 0.77$)。また図6-1 (b) を見ると，むしろ共産党は投票率低下の度合いが小さい都道府県ほど，得票率を伸ばしているくらいである ($r = 0.26, p = 0.08$)。

以上見てきたように，2014年衆院選における自民党の勝利と，共産党という政治的対極に位置する政党の躍進の要因は，いまだ「パズル」として残されている。以下では，安倍政権2年間の経済政策の日本社会への影響を確認し，そこから2014年衆院選におけるリスク態度と投票行動の関係についての仮説を提示する。

理論的検討と仮説

日本は1990年代初頭のいわゆるバブル崩壊以来，経済的な停滞に見舞われている。経済成長率は振るわず，失業率は上昇し，経済格差は拡大している。平均GDP成長率は1953年から1973年にかけては9.1%，1974年から1990年にかけては4.2%だったのが，1991年から2010年にかけては0.9%にしか過ぎなかった[13]。失業率は1991年から2010年で2.1%から5.1%

---

[12] 警察庁「警備情勢を顧みて」平成25年3月　https://www.npa.go.jp/archive/keibi/syouten/syouten282/（2016年1月23日参照）

[13] 内閣府「国民経済計算（GDP統計）」http://www.esri.cao.go.jp/jp/sna/menu.html

第6章 政権の評価—2014年12月衆院選 99

図6-1 投票率変化と得票率変化の相関

(a) 投票率と自民党得票率

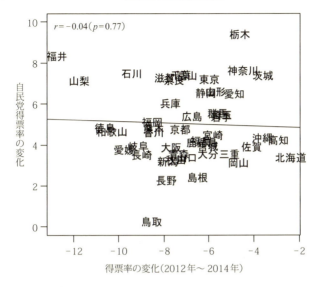

(b) 投票率と共産党得票率

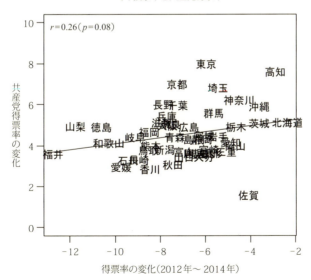

へと 2 倍以上になった[14]。所得不平等を表すジニ係数は 1993 年の 24.9 から，2008 年の 37.6 へと上昇した[15]。20 年以上にわたって低い経済成長率が維持されたことはその間，ほとんど国民に分配される「パイ」の大きさは変わらなかったことを意味する。それでもなお，所得不平等が拡大したということは，この期間，日本人は誰かが得をすれば，誰かが損をするという「ゼロサムゲーム」をプレイしてきたということを示唆する。

このような中，2012 年 12 月に誕生したのが第 2 期安倍政権である。安倍政権の経済政策は，パイが拡大しない日本社会に急激な再分配をもたらした。すでに述べたように，安倍政権の金融政策により，安倍政権誕生以降 2014 年 12 月衆院選までの期間，株価と有効求人倍率は上昇した。しかしながらこの期間，選挙の月にかけて実質賃金は 16 ヵ月連続で下がり続けていた[16]。求人の数は 2012 年の 193 万 9 千件から 2014 年の 227 万 7 千件へと増えたが，新規求人に占める正規雇用の割合は 2012 年の 9.9％ から 2014 年の 6.3％ へと低下した[17]。これは結局，安倍政権下において非正規雇用の求人の増加が，有効求人倍率を押し上げ，失業率を低下させた主な要因であったことを示唆する。

ジニ係数や上位 10％ の所得割合など所得不平等の一般的な指標は 2015 年初頭の時点で，まだ正式には公表されていないが，安倍政権下では所得不平等が拡大したと言われている。たとえば平均資産所得は主に株高の影響で 2012 年から 2013 年にかけて 70.9％ 上昇したのに対し，平均給与所得はその間 0.8％ しか上昇しておらず[18]，これは資産をもつ者ともたない者の間で所

（2016 年 1 月 23 日参照）

14　総務省統計局「労働力調査　長期時系列データ」http://www.stat.go.jp/data/roudou/longtime/03roudou.htm（2016 年 1 月 23 日参照）

15　The CIA World Factbook　https://www.cia.gov/library/publications/the-world-factbook/geos/ja.html（2016 年 1 月 23 日参照）

16　厚生労働省「毎月勤労統計調査（全国調査・地方調査）：結果の概要」http://www.mhlw.go.jp/toukei/list/30-1a.html（2016 年 1 月 23 日参照）

17　厚生労働省「一般職業紹介状況（職業安定業務統計）」http://www.mhlw.go.jp/toukei/list/114-1.html（2016 年 1 月 23 日参照）

18　「安倍政権下で格差拡大　最大 6.5 倍　毎日新聞調査」『毎日新聞』2015 年 4 月 17 日付　http://mainichi.jp/articles/20150417/ddm/001/020/172000c（2016 年

得格差が拡大したことを示唆する。さらに，貯蓄を含む金融資産や貯蓄をもたない人の割合は2012年の26%から，2014年の30.4%へと拡大した[19]。これらのことから，安倍政権の経済政策は急激に現状を変更し，株や資産をもつ高所得の国民と，資産をもたず不安定な雇用状況にある国民との差をより拡大させたと考えられる。

以上のような安倍政権の経済政策の結果が2014年12月衆院選までに出そろったことをふまえて，この選挙で有権者に示された選択肢は次の2つであったと思われる。第一の選択肢として，自民党に投票し「ギャンブル」を続けること。金融政策を中心とするアベノミクスには，株価暴落やインフレなどのリスクも依然として存在している一方で，先述のとおり，安倍政権の成立以来一定の経済的恩恵をもたらしてきた。自民党が政権を維持し，アベノミクスが続くことでこうした良くも悪くも不確実性の高い政策が続くことになる。

そして第二に，野党に投票し，こうした「ギャンブル」から撤退することである。その際に最も有力な選択肢として考えられるのが，共産党である。共産党は，平等主義的な福祉政策を主張し，日本政治において一貫してイデオロギー的に左の立場を取り続けており，これまでその非妥協的立場は有権者を遠ざけてきた[20]。しかし同時に，共産党は最も一貫した安倍政権に対する批判者であったことも事実であり，たとえ共産党の政策が現実的でも実行可能でもないにせよ，その強固な姿勢はとりわけ，安倍政権下でこれ以上「ギャンブル」を続けることに危惧を感じる有権者にとって魅力的であり，共産党は「ブレーキ役」としてこうした有権者への訴求力をもったことであろう。

このような自民党と共産党という2つの選択肢を前提に，2014年衆院選における投票行動を分けた理由として，党派性など他の要因を考慮した上で

1月23日参照).
19 金融広報中央委員会「家計の行動に関する世論調査：二人以上世帯調査，平成19年以降」https://www.shiruporuto.jp/finance/chosa/yoron2014fut/14bunruif001.html（2016年1月23日参照).
20 共産党は，以前より「拒否政党」として知られており，たとえば2010年に実施された調査では，42.2%の有権者が「絶対に投票したくない」と回答している(谷口 2012)。

も，リスク受容的な有権者ほど自民党に投票した一方，リスク回避的な有権者ほど共産党に投票したとの仮説が導かれる。つまり，共産党はリスク回避的な有権者の「受け皿」として今回の選挙で躍進したと考えられるのである。

データ分析

この仮説を検証するために，2014年12月の衆院選に合わせて実施されたJapanese Election Study Ⅴのデータを分析する。この調査は，インターネット上で2014年12月の衆院選前後に実施されたものであり，楽天リサーチ社のパネルから実際の人口分布に従って性別，年齢，居住地域よって選ばれた，20歳以上の男女2,786人から成る割り当て標本となっている。独立変数であるリスク態度は例によって，2つの質問で測定される。1つは「虎穴に入らずんば虎児を得ず」ということわざに同意する程度で測定した一般的

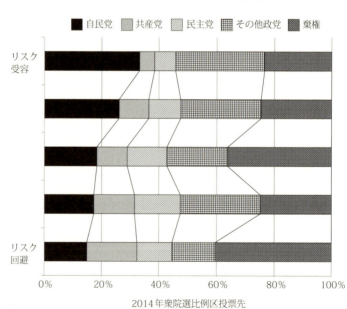

図6-2　一般的リスク態度と投票先

データ出所：JES Ⅴ（2014年インターネット調査）

図6-3　経済政策リスク態度と投票先

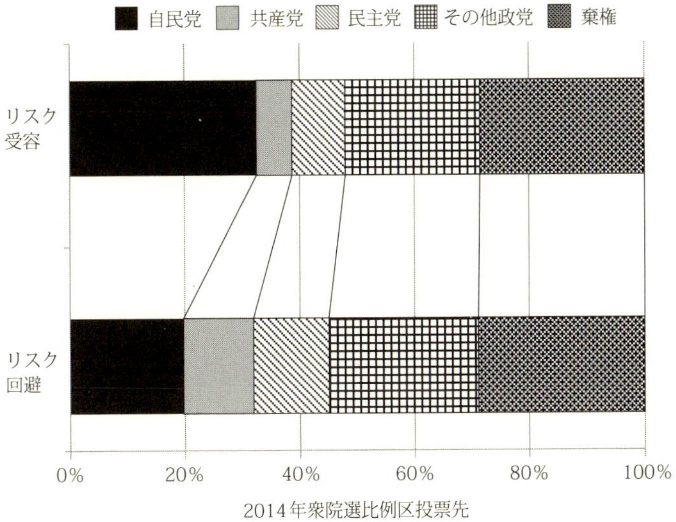

■自民党　□共産党　▨民主党　▦その他政党　▩棄権

2014年衆院選比例区投票先

データ出所：JES V（2014年インターネット調査）

なリスク態度。そしてもう1つは，景気を良くするための政府の政策として「成功すれば効果は大きいが，失敗する可能性が高い政策」か「成功しても効果は小さいが，失敗する可能性が低い政策」のどちらを好むか，で測定した経済政策におけるリスク態度である。

　リスク態度ごと回答者をグループ分けし，それぞれについて棄権も含めた比例区での投票行動の分布を割合で示したものが図6-2と図6-3である。まず図6-2は一般的リスク態度で見たものである。これによるとかなり明確に，リスク受容的なグループほど，自民党に投票する傾向があることがわかる。たとえば，「虎穴に入らずんば虎児を得ず」ということわざに「同意する」と答えた最もリスク受容的なグループでは，約33%の回答者が自民党に投票したと答えた一方，同じことわざに「同意しない」と答えた最もリスク回避的なグループでは，約15%しか自民党に投票していない。また反対に，リスク回避的なグループほど，共産党に投票する傾向が明確である。たとえば，最もリスク回避的なグループでは，約18%の回答者が共産党に投票したと答えた一方，最もリスク受容的なグループでは，約5%しか共産

に投票していない。自民党と共産党以外には，リスク態度の違いによる，投票先割合の違いについて何らかの体系的な関連性がうかがえるものは無さそうである。

次に図6-3は経済政策リスク態度で見たものである。なおこの調査では経済政策リスクは3択ではなく，2択で測定されている。この図においてもやはり，リスク受容的なグループほど，自民党に投票する傾向が確認できる。すなわち「成功すれば効果は大きいが，失敗する可能性が高い政策」の方を好ましいと答えた，リスク受容的態度をもつグループでは自民党に投票したと答えた割合は約32％なのに対し，「成功しても効果は小さいが，失敗する可能性が低い政策」の方を好ましいと答えた，リスク回避的態度をもつグループでは自民党に投票したと答えた割合は約20％に過ぎない。またこれも前の図と同様に，リスク回避的なグループほど，共産党に投票する傾向が明確である。リスク回避的態度をもつグループの中では共産党に投票した割合が約12％だったのに対し，リスク受容的態度をもつグループの中でのそれは約6％に過ぎない。

二変数間の関連が明らかになったところで，多変量解析に移る。独立変数である一般的リスク態度におけるリスク受容度について，受容度が高いほど値が大きくなるように，「虎穴に入らずんば虎児を得ず」ということわざに対して，「同意しない」との回答を1，「あまり同意しない」との回答を2，「どちらでもない」との回答を3，「ある程度同意する」との回答を4，「同意する」との回答を5とコード化する。また，経済政策リスク態度におけるリスク受容度について，「成功すれば効果は大きいが，失敗する可能性が高い政策」を好むとの回答を1，「成功しても効果は小さいが，失敗する可能性が低い政策」を好むとの回答を0とコード化する。

従属変数は有権者個人の投票選択である。ここでは比例区において自民党に投票した場合1の値，共産党に投票した場合0の値をそれぞれ割り当てる二値変数とする。もちろんこのとき，公明党，民主党，維新の党，社民党など他の政党も選挙戦を戦っていた。しかしながら，ここでの目的は自民党投票者と共産党投票者の違いを検証することであるので，これらの政党は除外される。なお念のため自民党，共産党以外の他の政党を含めた多項ロジット分析も行ったが，解釈の複雑性にもかかわらず本章の仮説にとって重要な部

分は変わらなかった[21]。

　統制変数としては，基本的な個人属性，政党支持態度，経済状態認識をモデルに含める。基本的な個人属性は，性別（1：男，0：女），年齢（年齢をそのまま），世帯収入（1：300万円未満，2：300〜500万円未満，3：500万円以上）[22]，大卒（1：大卒，0：非大卒）である。政党支持態度は，自民党支持ダミー（1：自民党支持，0：それ以外），共産党支持ダミー（1：共産党支持，0：それ以外），の2つのダミー変数から成る（参照カテゴリは「支持する政党はない」）。最後に，経済状態認識は，現在の日本の景気について経済状態認識が悪くなるほど数値が高くなるように，「かなり良い」，「やや良い」，「どちらでもない」，「やや悪い」，「かなり悪い」の回答に対してそれぞれ1から5の数値を割り当てる。

　また個人レベルの変数だけでなく，都道府県レベルの独立変数も考慮する。まず，都市化の度合いを測定する変数として2010年の都道府県ごとの人口集中地区（Densely Inhabited District: DID）人口割合[23]をモデルに含める。自民党は農村部に強く，共産党は都市部に強いということはよく知られた事実であり，実際2014年衆院選においても農村部ほど自民党得票率は高く，反対に都市部ほど共産党得票率は高くなっている（Iida 2016）。さらにもう1つ，都道府県レベルの独立変数として，2014年11月の都道府県ごとの有効求人倍率[24]をモデルに含める。先にも述べたとおり，安倍政権の経済政策の恩恵は一様ではなく，こうした経済政策の地域差の影響を考慮する必

21　多項ロジットにおいては「無関係な選択肢からの独立（Independence of Irrelevant Alternatives: IIA）」の仮定が存在しており，いわば複数のロジットを別々に推定しているに過ぎないので，これは当然である。

22　ここでは，2014年度の世帯所得の中央値である432万円を基準に，3段階で世帯所得をコード化している。中央値のデータの出典は，厚生労働省「平成25年　国民生活基礎調査の概況」である。http://www.mhlw.go.jp/toukei/saikin/hw/k-tyosa/k-tyosa13/index.html（2016年1月23日閲覧）

23　総務省統計局「日本統計年鑑」http://www.stat.go.jp/data/nenkan/02.htm（2016年1月23日閲覧）

24　厚生労働省「都道府県・地域別有効求人倍率（季節調整値）」http://www.mhlw.go.jp/file/04-Houdouhappyou-11602000-Shokugyouanteikyoku-Koyouseisakuka/0000032982_2_1_1_3_1_6.pdf（2016年1月23日閲覧）

表6-1 分析に用いた変数の記述統計

変数	ケース数	平均値	標準偏差	最小値	最大値
投票選択	935	0.683	0.465	0	1
男性ダミー	2786	0.515	0.500	0	1
年齢	2786	46.525	13.725	20	69
世帯収入	2786	2.229	0.804	1	3
大卒ダミー	2786	0.492	0.500	0	1
自民党支持ダミー	2786	0.271	0.445	0	1
共産党支持ダミー	2786	0.043	0.204	0	1
悪い経済状態認識	2786	3.692	0.985	1	5
リスク受容(一般的)	2786	3.466	0.895	1	5
リスク受容(経済政策)	2786	0.248	0.432	0	1
人口集中地区居住割合	2786	69.249	21.872	25	98.2
有効求人倍率	2786	1.109	0.262	0.77	1.64

要がある。

　従属変数は二値変数であり，かつ個人レベルと都道府県レベルの2つのレベルの独立変数を含むので，分析にあたってはマルチレベルロジットを用いる。分析に用いた変数の記述統計は表6-1，分析結果は表6-2に示したとおりである。

表6-2 自民／共産投票を分ける要因

独立変数	推定値	
定数項	4.218**	(0.945)
男性ダミー	0.105	(0.212)
年齢	-0.040**	(0.008)
世帯収入	0.189	(0.126)
大卒ダミー	-0.280	(0.218)
自民党支持ダミー	2.362**	(0.264)
共産党支持ダミー	-4.666**	(1.021)
悪い経済状態認識	-0.747**	(0.119)
リスク受容(一般的)	0.126	(0.116)
リスク受容(経済政策)	0.733**	(0.256)
人口集中地区居住割合	-0.014**	(0.005)
有効求人倍率	0.760†	(0.392)
$n(1)$	935	
$n(2)$	47	
AIC	644.5	

有意水準：†：10% *：5% **：1%
カッコ内は標準誤差
マルチレベルロジット

　まずリスク態度について，政党支持など他の変数の影響を考慮したとき，一般的な意味でのリスク受容的態度の係数の推定値は10%水準でも統計的に有意になっていないが，経済政策におけるリスク受容的態度は，1%水準で統計的に有意な正の値を示している。すなわち，どの政党を支持しているか，経済をどのように認識しているかにかかわらず，経済政策においてリスク受容的な態度をもつ有権者は，共産党ではなく自民党に投票する傾向が見られた。より具

体的には，政党支持を考慮した上でも「成功すれば効果は大きいが，失敗する可能性が高い政策」よりも「成功しても効果は小さいが，失敗する可能性が低い政策」の方を好ましいと答えた回答者ほど，自民党では無く共産党に投票したということであり，仮説が主張するとおりリスクの高いアベノミクスの「ブレーキ役」として共産党が期待されたことがわかる。

また，自民党支持ダミー，有効求人倍率がそれぞれ1％水準と10％水準で統計的に有意な正の値を示していることから，自民党支持者ほど，また有効求人倍率が高い都道府県に住む有権者ほど，共産党ではなく自民党に投票する傾向があることがうかがえる。自民党支持や人口集中地区人口割合で都市規模を考慮した上でもなお，有効求人倍率が正の影響を与えているということは，やはりアベノミクスの恩恵を受けている地域に住んでいる有権者ほど自民党を好意的に評価しているということを意味しており，地域ごとに不均一なアベノミクスの効果を示唆している。

一方で，年齢，共産党支持ダミー，悪い経済状態認識，人口集中地区人口割合について，すべて1％水準で統計的に有意な負の値を示している。つまり，年齢が高いほど，共産党支持者であるほど，現在の日本の景気が悪いと思っているほど，都市部に住む有権者ほど，自民党ではなく，共産党に投票する傾向があると言える。このことから，今回の選挙で共産党が票を伸ばしたのは，とりわけ都市部に住む経済状態の悪化を経験した比較的若い年齢層の有権者の支持を受けたことが理由であると推察される。実際これは，都道府県レベルの集計データの分析を通じて，都市部ほど共産党得票率の伸びが大きかったことを示した Iida（2016）の結果と整合的である。

まとめ

本章では，2014年12月の衆院選において自民党が大勝した一方，対極に位置する共産党が躍進した原因として，低投票率や小選挙区における民主党候補者の不在といった従来の説明に疑問を呈しつつ，新たな要因としてリスク態度を提示し，それが自民党投票者と共産党投票者の違いをどのように説明するか検証した。その結果，政党支持や経済状態認識などの変数の影響を考慮してもなお，リスク受容的な有権者ほど自民党に投票し，リスク回避的な有権者ほど共産党に投票するという傾向が見られた。これはリスク受容的

な有権者は，大胆な現状変更で不確実性が高いながらもこれまで一定の成果を出している安倍政権を支持した一方，2年間にわたって実施されたアベノミクスによる社会の変化にブレーキをかけたいと願うリスク回避的な有権者が，最も一貫した安倍政権に対する批判者であった共産党の強固な姿勢に惹きつけられ，それに投票した結果であると考えられる。

こうした本章の分析で得られた知見は，経済政策の投票行動への影響は経済状態とリスク態度に依存するということを示唆する。経済が成長しているときには，人々に対する増加した富の分配が行われるため，理論的には，損失を被る人が誰もいないまま，全員が利益を受け取ることも可能である。しかし，経済が停滞している場合には，人々に対して既存の富の分配が行われるため，誰かが損失を被ることなしに，他の誰かが利益を受け取ることはできない。そのため誰が何をどれだけ受け取るかを決定する経済政策の結果は，経済状態に大きく依存することとなる。すなわち，経済が成長する中で実施された経済政策は，自分が受け取る額が大きいか小さいかの問題にかかわるのに対して，経済が停滞する中で実施された経済政策は，自分が得をするのか損をするのかの問題にかかわる。

これらをふまえると経済が長期にわたって停滞する中，実施されたアベノミクスはまさに後者の問題をはらんでいた。自分がアベノミクスによって得をするのか損をするのか。それをふまえてアベノミクスを支持すべきなのかどうか。こうした不確実性がある中，性別，年齢，学歴，所得などある有権者の個人属性が一定だとして，選挙においてその行動を分けるものがリスク態度だったのである。

さて，このように2014年衆院選に勝利することでさらなる政権基盤の強化を果たした安倍政権は，翌年満を持して安全保障関連法案の成立に向けて動き出す。しかし，この動きに対しては近年稀に見る規模で，デモなどの抗議活動が巻き起こった。次章では，こうした抗議活動に参加する有権者の動機としての，デモの有効性認識の違いを生み出す要因について検討する。

第7章
政権への抗議活動
──2015年9月安保法成立後

　2014年衆院選に勝利した安倍政権は，2015年5月15日，満を持して安全保障関連法案を国会に提出した。この安全保障関連法案は，2014年7月の集団的自衛権の限定的行使を容認する閣議決定を実質化させ，これまでの日本の防衛政策を大きく転換することを意図するものであった。閣議決定時にも議論があったように，自衛隊の軍事的役割を拡大させることは憲法9条に抵触する可能性があり，これに反対する有権者の間でデモなどの抗議活動が活発に行われるようになった。衆議院，次いで参議院での国会審議が進行するにつれ，抗議活動はしだいに盛り上がりを見せ，参議院での審議が大詰めを迎えた2015年8月から9月にかけてピークを迎えた。

　後に見るように，一般的に日本の人々は他の民主制の国の人々と比べて投票以外の政治参加については非常に消極的であると考えられてきたことから，今回の急激な抗議活動の広がりは国内外の注目を大いに集めた。なぜ今回，日本においてこれだけ多くの人々が抗議活動に参加したのであろうか。またより一般的に，どのような人々がデモという投票以外の政治参加をより行う傾向にあるのだろうか。

　こうした問いに対して本章では，安保法制成立後の時期に行われた調査データを用いつつ，リスク受容的な有権者ほどデモに参加する傾向があるとの仮説を検証する。より直接的なデモなどの政治行動は選挙での投票とは異なり，制度的にその影響力を保証する仕組みがないため成功する可能性は低い。しかし一方で，もし成功すれば要求が明確な分，効果は大きいと考えられるため，リスク受容的な有権者の目には期待利得が高い魅力的な手段に映ると考えられる。

ただし，実際に反安保法制デモに参加したという有権者の割合は現状でも非常に小さいと考えられるため，これをそのまま従属変数にしたのでは，さまざまな独立変数の影響を過小評価してしまう可能性がある。実際，行動を従属変数とした日本の先行研究では，投票外参加の決定要因について団体による動員以外の変数の説明力は低いとされてきた。そこで，デモに参加するという行動に影響を与える潜在的な変数として，本章では「自分の意見を政治に反映させる手段としてデモを有効だと思うかどうか」という質問によって測定したデモの有効性の認識を従属変数とする。

さらに，デモは現政権に対する抗議という側面が強いことから，政党支持によってリスク態度の有効性認識への影響が異なる可能性がある。すなわち，政権に対して抗議を行う動機をもつ野党支持者の間だけで見れば，リスク受容的な態度はデモの有効性認識を強めるが，与党支持者の間ではそもそもデモに参加する動機が無いため，リスク態度のそのような影響は見られないと考えられる。これらの分析を通じて本章では，これまでの章で示したようにリスク受容的態度が安倍政権への支持を強めるだけでなく，反安倍政権的活動を盛んにする1つの要因になりうるということを示す。

リサーチクエスチョン

安倍政権は2015年5月15日，衆議院に安全保障関連法案を提出した。安全保障関連法案は大きく，平和安全法制整備法案と国際平和支援法案という2つの法案から成っていた。中でも「国際平和共同対処事態に際して我が国が実施する諸外国の軍隊等に対する協力支援活動等に関する法律」という正式名称が付された後者の法案の内容は，自衛隊の活動範囲や役割を拡大することを通じて，2014年7月1日の集団的自衛権の限定的行使を容認する閣議決定の内容の実質化を図るものであり，政治家や有権者の間でとりわけ議論を巻き起こした。第5章でも述べたとおり，集団的自衛権とは，親密な関係にある他国が攻撃された場合，それを助けて一緒に戦う権利のことを指し，従来の政府解釈では憲法上認められていないとされてきた。また限定的とは言えこの行使を認めることで，アメリカをはじめとする同盟国の戦争に巻き込まれやすくなり，かえって日本の安全保障は損なわれるのではないかとの懸念があった。これらの論点をめぐって，国会審議の過程では与野党の

間で白熱した議論が繰り広げられた。

　一方，安全保障関連法案の国会提出を受け，国会の中だけでなく国会の外でもこれに反対する動きが活発化した。法案提出の閣議決定が行われた5月14日には早くも東京の銀座で1,000人規模，首相官邸前で500人規模（いずれも主催者発表）のデモや抗議集会が開かれた[1]。これ以降，小規模な抗議活動が全国各地で断続的に行われる中，国会審議においては6月4日，衆議院憲法審査会が開催された。そこでは参考人として招致された，自民党による推薦も含む3人の憲法学者全員が集団的自衛権を行使することについて，「憲法違反」との見解を示すなどして波乱が生じ，これをマスコミが大々的に報じることで抗議活動はさらに勢いを増した。6月14日に首相官邸前に集まった人々は主催者発表で2万5千人規模にまで膨れ上がり，翌15日以降，国会前では抗議する人々による座り込みが始まった[2]。

　このように反対運動が盛んになる一方，衆議院では7月13日の中央公聴会を経て，15日の特別委員会において安保法案は可決された。この特別委員会のあった15日には主催者発表で2万5千人が国会前に集まり抗議活動を行った[3]。特別委員会の採決に対しては野党・民主党から「強行採決」であるとの声が多く挙がり，一部マスメディアも強行採決という言葉を用いて安倍政権を批判的に論じた。

　こうしたマスメディアの報道はいよいよ抗議活動の規模を拡大させた。7月16日の衆議院本会議での法案可決の後，参議院での審議が開始されたが，そこでの審議が佳境に差し掛かる8月下旬には抗議運動はピークを迎えた。8月23日には，SEALDsという学生団体の呼びかけにより，東京，京都，大阪など全国64カ所でデモや集会が開かれた[4]。またその1週間後の8月30日にはこれまでで最大規模の抗議活動が国会周辺で行われ，主催者発表で

---

1 「銀座・官邸前で抗議の声　安保11法案，今夕閣議決定」『朝日新聞』2015年5月14日付夕刊。
2 「国会前で路上抗議　14日は2.5万人集会　安保法制」『朝日新聞』2015年6月15日付夕刊。
3 「深夜まで抗議続く　安保法案きょう衆院通過」『朝日新聞』2015年7月16日付朝刊。
4 「反対の輪，中心に若者　京都や大阪…64カ所でデモ・集会」『朝日新聞』2015年8月24日付朝刊。

12万人,警察発表で3万3千人の人々が参加した[5]。しかしこうした抗議活動の高まりにもかかわらず,最終的に9月19日未明,人々が国会前に詰めかける中,参議院本会議で安全保障関連法案は賛成多数で可決され,成立した。

以上のような安保法制をめぐる抗議活動は日本において近年稀に見る規模のものであり,たとえば2011年3月の東日本大震災に端を発する反原発再稼働の抗議運動と比べても大きな盛り上がりを見せていた。反原発再稼働運動の中で最も規模の大きかった2012年7月29日の国会周辺での抗議活動は,主催者発表では20万人と反安保法制の抗議運動の動員を上回っているように見えるが,このとき警察発表では1～2万人に過ぎなかった[6]。

また,国際比較の観点からも日本における今回の抗議活動の広がりは注目に値するものであった。先行研究では,日本の有権者は他の国の有権者と比べて投票以外の政治参加を行わないことで知られている。たとえばDalton (2002, 62)によると,過去にデモ,ボイコット,非合法ストライキ,建物の占拠という4つの抗議行動のうちいずれか1つにでも参加したことがある日本の有権者の割合は13%と,32ヵ国の民主主義国のうち30位であった。一方で,今回の反安保法制デモの場合,産経新聞の世論調査によると「国会周辺など各地で行われている安全保障関連法案に反対する集会」に参加したことのある有権者の割合は3.4%,集会に参加したことがない人のうち今後参加したい人は18.3%であった[7]。つまり,1つの争点に関して短期間で起こった抗議活動について,単純計算で約21%もの日本の有権者が参加したか,今後参加したいという意志を示しているということである。

こうした事態を受けて,海外のマスメディアのデモに対する注目もこれまでになく高まった。たとえばCNNは今回の抗議活動の広がりについて「日

---

[5] 「安保法案反対,最大デモ 国会周辺に集結 全国各地でも抗議」『朝日新聞』2015年8月31日付朝刊。

[6] 「脱原発デモで国会を包囲,主催者発表で20万人参加」AFP通信2012年7月30日 http://www.afpbb.com/articles/-/2892264（2016年2月28日閲覧）。

[7] 「FNN世論調査で分かった安保反対集会の実像 『一般市民による集会』というよりは…」『産経新聞』2015年9月14日。http://www.sankei.com/politics/news/150914/plt1509140020-n1.html（2016年2月28日閲覧）。

本におけるこの種のデモとして過去50年以上の間で最大」[8]と評価したし，*Wall Street Journal*は「数十年間の沈黙を破って，学生たちが日本の抗議活動の中心勢力として再び台頭した」[9]とセンセーショナルに報じた。

　なぜ今回，日本においてこれだけ多くの人々が抗議活動に参加したのであろうか。またより一般的に，どのような人々がよりデモという投票以外の政治参加を行う傾向にあるのだろうか。こうした問いに対してはこれまで大きく2つの観点から理論的回答が与えられてきた。

　第一に，政治や政策に対する不満によって説明するアプローチである（Gurr 1970; Norris 1999）。特定の政策に関して強い不満を抱いた有権者はその不満を政治家や政党に伝え，政策変更を迫りたいと思うようになる。しかし通常の投票ではそもそもその有権者が何に不満や怒りを抱いているのか，政治家や政党に明確に伝えることはできない。また選挙はそもそも行われる頻度が低い。そこでこうした特定の政策に不満を抱きそれを政治に訴えたい有権者にとって魅力的な手段となるのが，デモ，署名活動，ボイコットなどの投票外参加である。こうしたことから，自分たちの意見を代表しない政治に対して不満をもつ有権者ほど，これらの抗議活動としての投票外参加を行う，という仮説が導かれる。

　次に，投票外参加を説明する第二のアプローチとして，個人のリソースとスキルに着目したモデルがある（Verba et al. 1995）。これは，政治参加全般を説明するモデルであり，教育や所得といったリソースは政治的活動を行う上で必要なスキルを市民に与えると想定されている。たとえば，自分の利益に適った政策は何か，現在の政府の政策は自分の利益に適っているのか判断するためには新聞やテレビニュースの内容を理解するスキルが必要であり，こうしたスキルは教育によって培われる。また仮に自分が政治に対する不満を感じたところで，時間的・金銭的コストが投票参加よりも高い投票外参加

---

[8] "Japanese lawmakers OK greater overseas role for military." CNN.com, 2015年9月19日　http://edition.cnn.com/2015/09/18/asia/japan-military-constitution/（2016年2月28日閲覧）

[9] "Japanese Students Protest Expansion of Militarism: After decades of apathy, students return to streets to fight push by Prime Minister Shinzo Abe." *Wall Street Journal*, 2015年9月15日。http://www.wsj.com/articles/students-lead-protests-against-expanding-japans-military-role-1442345400（2016年2月28日閲覧）

を行うためには，それを賄うだけの時間的・金銭的余裕が必要である。これもまた高い教育と関連する。こうしたことから，教育程度，収入，知識などが高い有権者ほど，抗議活動としての投票外参加を行う，という仮説が導かれる。

しかしながら，日本においてこれら2つの仮説はあまり妥当性をもってこなかった。山田(2004)の分析によると，社会経済的要因はデモへの参加にはほとんど関係なく，デモへの参加を最もよく説明するのは単に団体による動員である。すなわち，政党や労働組合など団体に所属し動員を受けた有権者ほど署名運動やデモなどの抗議活動に参加する確率が高い。また西澤(2004)によると，こうした団体による動員の有無が，投票には行くがそれ以外の政治参加は行わないという日本の有権者に見られる傾向を説明できるという。つまり，投票を呼び掛ける動員や接触は選挙期間中，与党側にせよ野党側にせよ有権者に対して活発に行われるが，選挙終了後，デモなどの政治参加を呼び掛けるのは基本的に野党側のみである。そのため野党を支持する有権者が，それ以外の有権者と比べてデモに参加する割合が高いというのは当然である。

そもそも問題は，選挙での投票とは違い，制度的にデモなどの政治参加の方法は期待できる効果が通常，非常に低いということである。選挙での投票であれば，制度的に有権者の票は確実に数えられ，票数に応じて必ず候補者が当選したり，落選したりするので，好ましくないものであったとしても少なくとも何かしらの目に見える結果が得られる。しかし，デモなどの抗議活動の場合，それがたとえ合法的なものであったとしても，制度的に効果が保証されているわけではなく，多くの場合，自分の意見を表明する機会を与えられるのみで目に見えた結果は得られない。その割にそれを行うコストが高い。

したがって，たとえ野党を支持しておりその動員を受けたとしても，結局のところそれに実際に応じるかどうかはその有権者がどの程度，投票以外の政治参加の手段に有効性を見出すかにかかっている。本章では，投票以外の政治参加の手段についての有効性の認識に与える要因としてリスク態度の影響を検証する。

理論的検討と仮説

　投票は最も頻繁に行われる政治参加の手段であるとは言え，それは有権者の需要を完全に満たすものでは無い。投票参加に対する有権者の不満の原因は大きく3つあると考えられる。第一に，投票参加では自分の願いを正確に政治家や政党に伝えることは不可能であり情報量が少ない(Verba et al. 1978)。たとえば自分はある政策への反対を最も強く政治家や政党に伝えたいと思い，それを公約に掲げる政党や政治家に投票したとしても，政治家や政党は彼らが掲げるいくつもの公約のうち，どれが支持されて得票したのか知ることはできない。

　第二に，投票参加では，いくら強い願いをもっていたとしても他のいい加減な気持ちで投票した人と同様に扱われてしまう。これは法の下の平等という原則からして当然のことであるが，熟考の末，信念をもって投じた自分の一票と，単に暇だからと適当に投票先を選んで投じられた一票とが同じ「重み」で扱われるのは前者にとって不満の源泉となるのは当然である。

　第三に，投票参加では自分の行動が成果としてどのように表れたのか確認しにくい。先の2つの点に関連して，政治家や有権者は選挙での得票にもとづきどのような方向で政策を進めるべきか明確に指針が与えられるわけではなく，一票を投じた有権者の願う特定の政策を推進する強いインセンティブをもたない。そのため，特定の政策に対する強い意見をもち，早急に結果を求める有権者からすると投票参加は回りくどい意思伝達手段となる。

　こうした投票を通じた政治参加の欠点を埋めるのが，投票以外の政治参加，すなわち投票外参加と呼ばれる政治参加の形態である。これには，たとえばデモへの参加，請願書への署名，政治家への接触，新聞への投書などが含まれる。これらは，すべて有権者の意志を政治家や政党に伝え政策決定過程に影響を与えようとする行為であるという意味で投票参加と同様，政治参加であるが[10]，その方法的特徴において大きく異なる。

10　こうした投票以外の政治参加の形態はもちろん合法ではあるものの，通常想定されているものとは異なる回路で政策決定過程に影響を与えようとする行動であるという意味で，非正統的政治行動(unorthodox political behavior)とも呼ばれる

Verbaらによると,こうした投票外参加はさらに3つの類型に分類される(Verba et al. 1978)。第一に,選挙活動(campaign activity)であり,これには候補者の選挙活動に献金したり,自らボランティアとして参加しそれを手伝ったりすることが含まれる。第二に,市民活動(communal activity)であり,これには環境保護や反戦を訴えるデモや署名活動,不買運動などが含まれる。さらには第三の類型として,個別接触(particularized contact)であり,官僚や政治家に自分の利益を実現するために直接働きかけることなどが含まれる。これらはいずれも程度の違いはあるにせよ,投票参加の最大の問題点である,政治家や政党に自らの意思を明確に伝達できないという情報量の問題を補うものである。

Verbaらによって提唱された,こうした政治参加の類型は,投票を最初の段階として最終的には公職への立候補の段階へと至る一次元的な政治参加の階層性を仮定するそれまでの通説(Milbrath 1965)に対して,政治参加の多次元性を主張するものであったが,少なくともやはり投票とそれ以外の政治参加の類型の間には厳然たる階層性が存在している。すなわち,日本のデータを分析した西澤(2004)も示すように,投票は行わないが,投票以外の政治参加は行うという有権者はほとんど存在しない一方で,その反対は多く存在するのである。

このように,投票と投票以外との間で厳然たる階層性が存在するということは,投票と比べて投票以外の政治参加は,それによって得られる利益と,それを行うコストとの帳尻が合いにくいということを意味する。つまり,投票参加と比べて投票外参加は,それによって得られる利益がそれを行うために必要なコストを下回りやすいと考えられる。

投票参加のメカニズムを示したRiker and Ordeshook (1968)のモデルによると,有権者は自分の一票が選挙結果に与える(主観的)確率と候補者間の期待効用差(利害の大きさ)の積から成る投票の利益が,投票のコストを上回った場合に投票を行う。これを投票以外の政治参加としてのデモに当てはめると,次のことが言える。前述のとおり一般的に,デモは政治過程において制度的にその影響力が保証されていないため,自分が参加することによって何らかの政策的帰結に影響を与える主観的確率は投票以上に低いと考えられ

(Marsh 1977)。

る。また，デモを行うための物理的，心理的コストは投票に比べてはるかに大きい。たとえば，投票することは，せいぜい日曜日に予定を空け近所の投票所に行くため数十分犠牲にするか，あるいは日曜日の予定を空けなくとも自分の都合の良い他の日に所定の期日前投票所に行く時間を犠牲にするほどのものであるし，それを行うことで周囲から奇異な目で見られることは無い。しかし，デモについては決められた日時に所定の場所に行き，少なくとも数時間拘束され身体的にも消耗することになるし，それを行うことで周囲から奇異な目で見られる場合もある。

したがって，いくら政治家に対する情報伝達量が多く，それが自分の意図どおりになった場合に得られる成果が投票に比べて大きくとも，多くの有権者はデモに参加する利益とコストを比較したとき，どうしても後者の方を高いと感じることとなる。つまりデモは，それを行うことで成功すれば利益は大きいが，失敗してコストを負うだけの可能性が高い政治参加の手段であると言える。

そして，こうした投票以外の政治参加を行うか行わないかの判断に影響を与える要因の1つが有権者のリスク態度であると考えられる。すなわち現状に不満があるとして，何も行動を起こさなければその悪い現状が維持される。一方，デモに参加すれば，何も結果は変わらず，参加のコストだけを負うことになる可能性が高いとは言え，自分の意見が政治家に伝わり，より直接的に結果に影響を与えられる可能性も小さいながら存在する。したがって，こうした不確実性を好み，単なる働き損になる危険を冒してでも現状よりも良くなる小さな可能性に賭けたいと思うリスク受容的な有権者ほど，デモなどの投票以外の政治参加を行う可能性が高いと考えられる。

データ分析

この仮説を検証するために，安全保障関連法案可決後の2016年1月に実施されたJapanese Election Study Vのデータを分析する。この調査は，インターネット上で2016年1月下旬に実施されたもので，データは楽天リサーチのパネルから実際の人口動態に従って性別，年齢，居住地域によって選ばれた，20歳以上の男女2,733人から成る割り当て標本となっている。独立変数である，リスク態度は例によって，2つの質問で測定される。1つは

「虎穴に入らずんば虎児を得ず」ということわざに同意する程度で測定した一般的なリスク態度。そしてもう1つは，景気を良くするための政府の政策として「成功すれば効果は大きいが，失敗する可能性が高い政策」か「成功しても効果は小さいが，失敗する可能性が低い政策」のどちらを好むか，で測定した経済政策におけるリスク態度である。

　従属変数についてここでは，実際に安保法制に反対するデモに参加したかどうかではなく，「自分の意見を政治に反映させる手段としてデモを有効だと思うかどうか」という質問に対する回答をもちいる。先にも述べたとおり，投票参加と投票外参加との間には明らかな階層性が存在しており，産経新聞の世論調査でも今回の反安保法制デモに参加したと答えた人の割合は3.4%に過ぎなかった。しかし，実際に参加しなかった96.6%の有権者の間でもデモに参加する傾向の強さには違いが存在するはずである。こうした実際には参加していないが，十分に参加する可能性が高い人々の存在を無視して，単に参加した／しなかったという行動の違いのみに注目するのであれば，実態を見誤ることになりかねない。

　デモへの参加の決定の背後には，連続量としての潜在的な意識が存在しており，これがある閾値を超えた場合のみ，それがデモへの参加という行動として観察されると考えられる。本章の分析では前節で示された仮説をふまえ，そうした潜在的な意識としてデモの有効性認識を想定する。つまり，不確実性を好むリスク受容的な有権者ほど，自分の意見を政治に反映させる手段としてデモを有効であると認識し高い利益を感じるため，結果としてデモに参加すると考えられるのである。また比較のため，「自分の意見を政治に反映させる手段として投票を有効だと思うかどうか」という質問に対する回答によって測定された，投票の有効性認識も従属変数として分析の対象とする。

　図7-1から図7-4は，リスク態度ごと回答者をグループ分けし，それぞれについて投票とデモについて「有効だと思う」あるいは「ある程度有効だと思う」と答えた割合を示したものである。まず図7-1と図7-2はそれぞれ一般的リスク態度および経済政策リスク態度と投票の有効性認識との関係を示している。図7-1によると全体として，一般的な意味でリスク受容的なグループほど，投票の有効性を認識する傾向がうかがえる。たとえば，「虎穴に入らずんば虎児を得ず」ということわざに「同意する」と答えた最もリス

図7-1　一般的リスク態度と「投票」有効性認識

図7-2　経済政策リスク態度と「投票」有効性認識

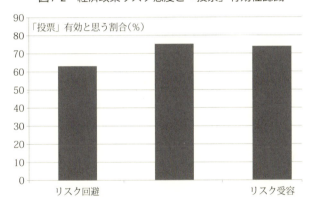

ク受容的なグループでは，約77％の回答者が投票について「有効だと思う」あるいは「ある程度有効だと思う」と答えた一方，同じことわざに「同意しない」と答えた最もリスク回避的なグループでは，約44％しか投票に有効性を見出していない。

　さらに図7-2によるとここでも全体として，経済政策においてリスク受容的な態度をもつグループほど，投票の有効性を認識する傾向がうかがえる。たとえば，「成功すれば効果は大きいが，失敗する可能性が高い政策」の方を好ましいと答えた最もリスク受容的なグループでは，約74％の回答者が

投票について「有効だと思う」あるいは「ある程度有効だと思う」と答えた一方，成功しても効果は小さいが，失敗する可能性が低い政策と答えた最もリスク回避的なグループでは，約63％しか投票に有効性を見出していない。

次に図7-3と図7-4はそれぞれ一般的リスク態度および経済政策リスク態度とデモの有効性認識との関係を示している。先に示した図7-1と図7-2と比較してすぐわかるのが，全体として投票と比べてデモに有効性を見出している回答者の割合は明らかに低いということである。実際，この調査において全体で見たとき投票に対して有効性を認識する回答の割合は約71％であ

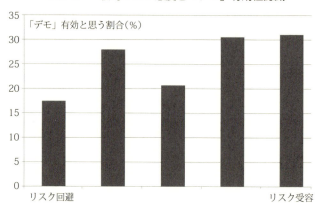

図7-3　一般的リスク態度と「デモ」有効性認識

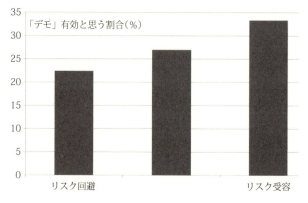

図7-4　経済政策リスク態度と「デモ」有効性認識

るのに対し，デモに対して有効性を認識する回答の割合は約26%に過ぎない。日本における投票参加と投票外参加の割合の違いの背後にはこうした有効性の認識の違いが存在することは確実であろう。

ただしこうした大きな違いにもかかわらず，先ほどの投票の場合と同様，リスク態度はデモの有効性認識とやはり関係がある。図7-3によると全体として，一般的な意味でリスク受容的なグループほど，デモの有効性を認識する傾向がうかがえる。たとえば，「虎穴に入らずんば虎児を得ず」ということわざに「同意する」と答えた最もリスク受容的なグループでは，約31%の回答者がデモについて「有効だと思う」あるいは「ある程度有効だと思う」と答えた一方，同じことわざに「同意しない」と答えた最もリスク回避的なグループでは，約17%しかデモに有効性を見出していない。

さらに図7-4によるとここでも全体として，経済政策においてリスク受容的な態度をもつグループほど，デモの有効性を認識する傾向がうかがえる。たとえば，「成功すれば効果は大きいが，失敗する可能性が高い政策」の方を好ましいと答えた最もリスク受容的なグループでは，約33%の回答者が投票について「有効だと思う」あるいは「ある程度有効だと思う」と答えた一方，成功しても効果は小さいが，失敗する可能性が低い政策と答えた最もリスク回避的なグループでは，約22%しか投票に有効性を見出していない。

それぞれ二変数間の関連を確認したところで，多変量解析に移る。ここでは2015年の日本の政治状況をふまえ，経済政策とデモは理論的に関連をもたないと考えられることから，独立変数として一般的リスク態度のみを用いる。一般的リスク態度について，受容度が高いほど値が大きくなるように，「虎穴に入らずんば虎児を得ず」ということわざに対して，「同意しない」との回答を1，「あまり同意しない」との回答を2，「どちらでもない」との回答を3，「ある程度同意する」との回答を4，「同意する」との回答を5とコード化し，一般的リスク受容の尺度を作成する。

従属変数は投票とデモについての有効性の認識であり，「自分の意見を政治に反映させる手段として，次に挙げる手段はどくらい有効だと思いますか」との質問に対し，投票とデモのそれぞれについて「有効だと思わない」との回答を1，「あまり有効だと思わない」との回答を2，「どちらとも言えない」との回答を3，「ある程度有効だと思う」との回答を4，「有効だと思う」との回答を5とコード化する。

統制変数としては，基本的な個人属性，政党支持態度，経済状態認識をモデルに含める。基本的な個人属性は，性別（1：男，0：女），年齢（年齢をそのまま），世帯収入（1：200万円未満〜12：2000万円以上の12段階），大卒（1：大卒，0：非大卒）である。政党支持態度については，安保法制をめぐる各党の態度に鑑み，自民党支持ダミー（1：自民党支持，0：それ以外），公明党支持ダミー（1：公明党支持，0：それ以外），民主党・共産党・社民党支持ダミー（1：民主党・共産党・社民党のいずれかを支持，0：それ以外），その他野党支持ダミー（1：その他の野党[11]を支持，0：それ以外）の4つのダミー変数を作成する（参照カテゴリは「支持する政党はない」）。この中で最も安保法制を強力に推し進めていたのは自民党，最も強硬に反対していたのが民主党，共産党，社民党である。最後に，経済状態認識は，現在の日本の景気について経済状態認識が悪くなるほど数値が高くなるように，「かなり良い」，「やや良い」，「どちらでもない」，「やや悪い」，「かなり悪い」の回答に対してそれぞれ1から5の数値を与える。
　またここでは，リスク態度の有効性認識への影響が支持政党によって異なる可能性を考慮するために，一般的リスク受容と自民党支持ダミーとの交差項および一般的リスク受容と民主党・共産党・社民党支持ダミーとの交差項を独立変数に含めた分析も行う[12]。先述したとおり，デモは基本的に反政権

11　その他の政党には，主に維新の党とおおさか維新の会が含まれる。

12　なお，1つのモデルに2つの交差項を投入することは，解釈上の複雑さを増すだけなので適切では無いとの指摘があるかもしれないが（Brambor et al. 2006），ここでのモデルの場合，2つの政党支持変数はダミー変数であるということに注意。たとえば，次のようなモデルがあったとする。

$$Y = \alpha + \beta_1 x_1 + \beta_2 x_2 + \beta_3 x_3 + \beta_4 x_1 x_2 + \beta_5 x_1 x_3$$

Yは政治的有効性感覚を表す連続変数，x_1はリスク受容度を表す連続変数，x_2とx_3はそれぞれ与党支持ダミー変数と野党支持ダミー変数であるとする（無党派が参照カテゴリ）。この式は次のようにまとめることができる。

$$Y = \alpha + (\beta_1 + \beta_4 x_2 + \beta_5 x_3) x_1 + \beta_2 x_2 + \beta_3 x_3$$

ここで，x_2とx_3はそれぞれ同じ参照カテゴリをもつダミー変数であることから，2つが同時に1の値をとることがない。したがって，リスク受容度x_1の係数の傾きは無党派の間ではβ_1，与党支持者の間では$\beta_1 + \beta_4$，野党支持者の間で$\beta_1 + \beta_5$となり，β_4あるいはβ_5の推定値が統計的に有意な場合，それぞれ無党派層と比べて統計的に有意に傾きが異なると解釈できる。

側あるいは野党側が行うものであり，そもそも与党支持者にとっては属性や政治意識にかかわらずはじめから行う動機をもたない可能性が高い。とりわけ2016年1月に行われたJES Vのデータが取得された時期からして，デモといえば反安保法制デモを最初に思い浮かべるため，自民党を支持する有権者にとってその有効性を認めることは難しいと思われる。反対に，投票の場合，2012年衆院選以来すべての国政選挙で与党の圧勝が続いていることから，野党支持者はそもそも属性や政治意識にかかわらず投票に対して有効性を見出しにくい状況があると考えられる。

　従属変数の投票およびデモの有効性認識は順序のあるカテゴリ変数なので，分析にあたっては順序ロジットを用いる。分析に用いた変数の記述統計は表7-1，分析結果は表7-2に示したとおりである。

　まず表7-2の左から1番目の列に示された，投票の有効性認識を従属変数とするモデルの推定結果を見ると，一般的リスク受容について，政党支持など他の変数の影響を考慮してもなお，その係数の推定値は1％水準で統計的に有意な正の値を示している。すなわち，どの政党を支持しているか，経済をどのように認識しているかにかかわらず，一般的にリスク受容的な態度をもつ有権者は，自分の意見を政治に反映させる手段として，投票を有効であると認識する傾向がある。

　さらに，年齢，大卒ダミー，自民党支持ダミー，公明党支持ダミー，民

表7-1　分析に用いた変数の記述統計

変数	ケース数	平均値	標準偏差	最小値	最大値
「投票」有効性認識	2733	3.901	1.084	1	5
「デモ」有効性認識	2733	2.773	1.095	1	5
男性ダミー	2733	0.499	0.500	0	1
年齢	2733	43.77	14.499	20	69
世帯収入	2733	4.638	2.754	1	12
大卒ダミー	2733	0.464	0.499	0	1
自民党支持ダミー	2733	0.276	0.447	0	1
公明党支持ダミー	2733	0.023	0.149	0	1
民主・共産・社民支持ダミー	2733	0.115	0.319	0	1
その他野党支持ダミー	2733	0.085	0.278	0	1
悪い経済状態認識	2733	3.539	0.949	1	5
一般的リスク受容	2733	3.4	0.924	1	5

表7-2 投票，デモの有効性認識の決定要因

独立変数	従属変数:「投票」有効性認識 推定値	推定値	従属変数:「デモ」有効性認識 推定値	推定値
男性ダミー	−0.135 †	−0.132 †	−0.302**	−0.302**
	(0.073)	(0.073)	(0.072)	(0.072)
年齢	0.019**	0.019**	0.005*	0.005*
	(0.002)	(0.002)	(0.002)	(0.002)
世帯収入	0.005	0.006	0.010	0.010
	(0.013)	(0.013)	(0.013)	(0.013)
大卒ダミー	0.324**	0.318**	0.188*	0.190*
	(0.075)	(0.075)	(0.073)	(0.073)
自民党支持ダミー	0.554**	0.739*	−0.253**	0.235
	(0.089)	(0.348)	(0.086)	(0.341)
公明党支持ダミー	0.616*	0.602*	0.144	0.142
	(0.240)	(0.240)	(0.237)	(0.237)
民主・共産・社民支持ダミー	0.989**	2.274**	1.043**	0.519
	(0.121)	(0.413)	(0.118)	(0.409)
その他野党支持ダミー	0.524**	0.508**	0.312*	0.309*
	(0.135)	(0.135)	(0.134)	(0.134)
悪い経済状態認識	−0.211**	−0.209**	−0.033	−0.033
	(0.041)	(0.041)	(0.040)	(0.040)
一般的リスク受容	0.328**	0.396**	0.143**	0.156**
	(0.041)	(0.052)	(0.040)	(0.051)
自民党支持×リスク受容		−0.057		−0.136
		(0.096)		(0.094)
民・共・社支持×リスク受容		−0.395**		0.161
		(0.121)		(0.120)
n	2733	2733	2733	2733
AIC	7122.892	7116.217	7903.629	7902.623

有意水準: † : 10% *: 5% **: 1%
カッコ内は標準誤差
順序ロジット
定数項の推定値は表から省略

主・共産・社民支持ダミー，その他野党支持ダミーはそれぞれ1%水準で統計的に有意な正の値を示している。つまり年齢が高い有権者ほど，大卒の有権者ほど，政党支持をもつ有権者ほど，投票が有効な政治参加の手段であると認識する傾向がある。これらは，こうした属性をもつ有権者ほど投票参加を行う，との従来の投票行動研究の知見と一貫性をもつ。一方で，悪い経済状態認識については，1%水準で統計的に有意な負の値を示している。これ

は，現在の日本の景気が悪いと思っているほど，投票が有効な政治参加の手段であると認識しない傾向があるということを意味しており，政府による経済運営に不満を持つ有権者は投票に無力感を感じており，選挙に参加して「抗議」するのではなく，むしろ選挙から「退出」していることがうかがえる[13]。

このように全体としてリスク受容的な有権者ほど投票に有効性を見出す傾向があることが示されたが，先にも述べたとおりその効果は有権者の政党支持によって異なると考えられる。そこでこの可能性について検討するために，投票の有効性認識を従属変数とする，交差項を含むモデルを推定する。その推定結果は，表7-2の左から2番目の列に示されている。

この推定結果によると，民主党・共産党・社民党支持と一般的リスク受容の交差項が1％水準で統計的に有意な負の値を示している。これは，政党支持をもたない有権者と比べて，民主党，共産党，社民党という安保法制に強く反対していた政党の支持者の間では，一般的リスク受容が投票の有効性認識に与える正の影響を示す係数の推定値の傾きが統計的に有意に小さいということを意味する。すなわち，これらの政党を支持している有権者の間では，リスク受容的であるほど投票に有効性を見出す度合いが小さい。また表には示されていないが，自民党支持の有権者と比べても，民主党，共産党，社民党という安保法制に強く反対していた政党の支持者の間では，一般的リスク受容が投票の有効性認識に与える正の影響が統計的有意に弱くなっている。

このことをより具体的に解釈するために，表7-2の左から2番目の列に示された推定結果にもとづいて一種のシミュレーションを行う。まずは，現在の経済状態をやや悪いと認識する，大卒，年齢43歳，世帯年収400万円以上〜500万円未満の男性を想定しよう。図7-5は，この有権者が，自民党支持者だった場合，支持する政党をもたない無党派だった場合，そして民主党，共産党，社民党のいずれかの支持者だった場合に投票の有効性を認識する予測確率が，それぞれリスク受容度の違いによってどのように変化するかプロットしたものである（図中の3本の線はそれぞれ政党支持に対応する）。

---

[13] 木村（2003）によると，むしろ日本の有権者は政治に不満を感じたとき政治に参加し「抗議」するのではなく，「退出」する傾向がある。

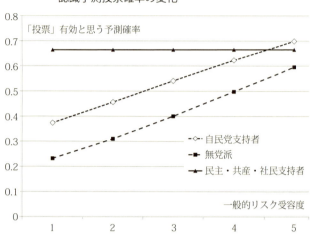

図7-5　リスク態度の違いによる政党支持別「投票」有効性認識予測投票確率の変化

したがって，縦軸が投票を「有効」と思う予測確率を，横軸が先にコーディングを示した一般的リスク受容の度合いを示す値をそれぞれ表している。

この図を見てわかるとおり，まず自民党支持者が最もリスク回避的な態度（1）をもつ場合，約37％程度の確率でしか投票の有効性を認識しないが，最もリスク受容的な態度（5）をもつ場合，約70％もの確率で投票の有効性を認識するなど，一般的リスク態度の違いによって投票の有効性を認識する確率が最大約33％ポイントも変化する。また，無党派においても自民党支持者の場合と同様に，一般的リスク受容の度合いが高いほど，投票の有効性を認識する確率が高くなるという傾向が見られる（最大約36％ポイントの変化）。

しかしながら，民主党，共産党，社民党の支持者の場合を見ると，こうした傾向は見られない。たとえばこれらの政党を支持する有権者が最もリスク回避的な場合でもリスク受容的な場合でも，投票の有効性を認識する確率は，それぞれ約66％とほとんど違いが無く，リスク態度によって投票を政治参加の有効な手段とみなす度合いは変化しない。とは言え，この図からもわかるとおり，民主党，共産党，社民党の支持者は概してリスク態度に関係なく，自民党支持者や無党派よりも投票の重要性を認識しているということに注意が必要である。

次に表7-2の左から3番目の列に示された，デモの有効性認識を従属変数

とするモデルの推定結果を見ると、一般的リスク受容について、政党支持など他の変数の影響を考慮してもなお、その係数の推定値は1％水準で統計的に有意な正の値を示している。すなわち、どの政党を支持しているか、経済をどのように認識しているかにかかわらず、一般的にリスク受容的な態度をもつ有権者は、自分の意見を政治に反映させる手段として、デモを有効であると認識する傾向がある。

さらに、年齢、大卒ダミー、その他野党支持ダミーが5％水準で、民主・共産・社民支持ダミーが1％水準でそれぞれ統計的に有意な正の値を示している。つまり年齢が高い有権者ほど、大卒の有権者ほど、野党を支持する有権者ほど、デモが有効な政治参加の手段であると認識する傾向がある。一方で、自民党支持ダミーについては、1％水準で統計的に有意な負の値を示していることから、自民党支持者は、デモが有効な政治参加の手段であると認識しない傾向があると言える。これは安保法制の審議をめぐって抗議運動が拡大したことを考えれば自然な結果と言えるであろう。

なお、このモデルにおいて公明党支持ダミーと悪い経済状態認識の係数の推定値は10％水準でも統計的に有意ではない。つまり与党側に身を置いていたとしても、従来平和主義を掲げてきた公明党の支持者は自民党支持者ほどにはデモに対する拒絶反応を示していないし、デモの対象が経済政策ではなく安全保障政策であった2015年の状況から考えて、経済状態認識はデモへの参加に影響を及ぼさなかったということであろう。

このように全体としてリスク受容的な有権者ほどデモについても有効性を見出す傾向があることが示されたが、投票の場合と同じく、その効果は有権者の政党支持によって異なると考えられる。そこでこの可能性について検討するために、ここではデモの有効性認識を従属変数とする、交差項を含むモデルを推定する。その結果を示した、表7-2の左から4番目の列を見ると、自民党支持と一般的リスク受容の交差項が負の推定値、民主党・共産党・社民党支持と一般的リスク受容の交差項が正の値を示しているものの、いずれも10％水準でも統計的に有意ではない。つまり、政党支持をもたない有権者と比べて、安保法制を推し進めた自民党を支持する有権者の間でも、反対に民主党、共産党、社民党という安保法制に強く反対していた政党の支持者の間でも、一般的リスク受容が投票の有効性認識に与える影響に統計的に有意な違いが無いということである。ただしこれはあくまで無党派と自民党支

持者，無党派と民主・共産・社民支持者をそれぞれ比較した結果であり，表には示されていないが，自民党支持者と民主・共産・社民支持者と比べた場合，前者は後者と比べて，一般的リスク受容が投票の有効性認識に与える正の影響を示す係数の推定値の傾きが統計的に有意に小さい。

　先ほどと同様，このことをより具体的に解釈するために，表7-2の左から4番目の列に示された推定結果にもとづいて一種のシミュレーションを行う。まずは，現在の経済状態をやや悪いと認識する，大卒，年齢43歳，世帯年収400万円以上〜500万円未満の男性を想定しよう。図7-6は，この有権者が，自民党支持者だった場合，支持する政党をもたない無党派だった場合，そして民主党，共産党，社民党のいずれかの支持者だった場合にデモの有効性を認識する予測確率が，それぞれリスク受容度の違いによってどのように変化するかプロットしたものである。

　この図を見てわかるとおり，まず民主・共産・社民支持者が最もリスク回避的な態度(1)をもつ場合，約29％もの確率でしかデモの有効性を認識しないが，最もリスク受容的な態度(5)をもつ場合，約59％もの確率で投票の有効性を認識するなど，一般的リスク態度の違いによって投票の有効性を認識する確率が最大約30％ポイントも変化する。加えて，民主党，共産党，社民党の支持者はどのリスク受容のレベルにおいても，自民党支持者や無党派

図7-6　リスク態度の違いによる政党支持別「デモ」有効性認識予測投票確率の変化

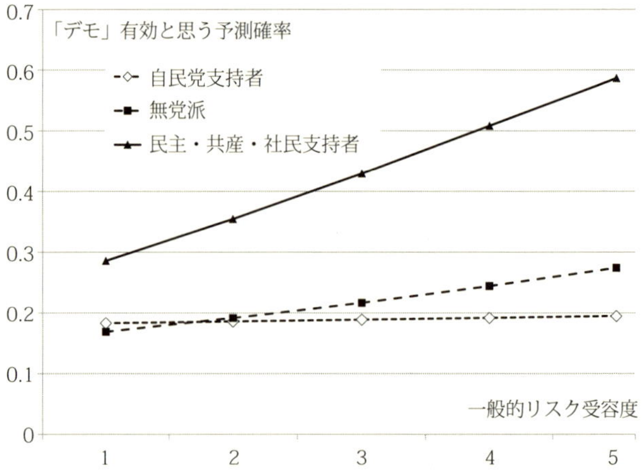

よりもデモの有効性を認識している。

　一方，自民党支持者の場合を見ると，リスク受容的になるほどデモの有効性を認識するという傾向は見られない。たとえば自民党を支持する有権者が最もリスク回避的な場合でも最もリスク受容的な場合でも，デモの有効性を認識する予測確率は，それぞれ約18〜19%とほとんど違いが無く，リスク態度によってデモを政治参加の有効な手段とみなす度合いは変化しない。また，無党派については，一般的リスク受容の度合いが上昇するにつれ，デモの有効性を認識する予測確率が高まるという若干の傾向が見られるとは言え，先に示した分析の結果にもあるとおり，その変化の度合いは自民党支持者の場合と同様統計的に有意な違いは無い。

　以上の分析結果から，リスク態度が投票の有効性の認識とデモの有効性の認識とに与える影響は，政党支持によってまったく異なるということがわかった。すなわち投票については，自民党支持者の間では，リスク受容的になるほど投票の有効性を認識するという傾向が見られるが，民主・共産・社民支持者はリスク態度に関係なく概して投票に高い有効性を見出しているものの，リスク受容的になるほど投票の有効性を認識するという傾向は見られない。反対にデモについては，民主・共産・社民支持者の間では，リスク受容的になるほど投票の有効性を認識するという傾向が見られるが，自民党支持者の間ではそのような傾向は見られない。

　こうした結果は，投票は与党側であれ，野党側であれ一般的な政治参加の手段として認知されており，与党側ではとりわけリスク受容的な有権者ほど投票に利益を感じ，選挙に参加しているということを示唆する。一方で，デモはもっぱら政権に不満をもつ野党側にとって有効な手段と認識されており，その中でもリスク受容的な有権者ほどデモに利益を感じ，それに参加していると思われる。つまりリスク態度は，与党支持者にとっても野党支持者にとっても，それぞれ別の形で政治参加に作用するのである。

まとめ

　本章では，近年稀に見る規模で展開された抗議活動の対象となった安全保障関連法案の成立から約4ヵ月後に実施されたサーベイデータを用いて，リスク態度がデモという政治参加の手段の有効性認識にどのような影響を与え

るのか，投票参加の場合との比較において検討した。その結果，政党支持の影響を考慮した上でも，全体としてリスク受容的な有権者ほど投票やデモの有効性を高く評価するという傾向があると推定されたものの，政党支持別に見たとき，自民党支持者と民主・共産・社民支持者とでは，投票およびデモの有効性に対するリスク態度の影響の相違が確認できた。

まず，民主・共産・社民支持者の方が自民党支持者よりも，概して投票およびデモの有効性を高く評価していた。さらに，自民党支持者の間ではリスク受容的な態度が投票に対する有効性認識を高める傾向にあった一方で，民主・共産・社民支持者の間ではそのような傾向は見られなかった。反対に，安保法制に反対した民主・共産・社民支持者の間ではリスク受容的な態度がデモに対する有効性認識を高める傾向にあった一方で，安保法制を推進した自民党支持者の間ではそのような傾向は見られなかった。こうしたことから，自らの意見を政治に反映させる上でのデモの有効性を高く認め，デモに参加する可能性が最も高いのは，リスク受容的な野党支持者であると言える。

こうした結果は，リスク受容的態度は安倍政権への支持を強めるのみならず，反安倍政権的活動を活性化させる1つの要因になりうるということを示唆する。すなわち，これまで本書では，2012年12月の衆院選勝利による安倍政権の誕生，2013年7月の参院選勝利による両院の多数派掌握，2014年5月の集団的自衛権行使容認の閣議決定への少ない反発，2014年12月の衆院選勝利による政権の持続といった安倍政権にとって好ましい出来事の背後には，安倍政権の掲げる経済政策および安全保障政策における大胆な現状変更を支持するリスク受容的有権者の存在があることを示してきた。しかし，これに対して本章の分析結果は，2015年の反安保法制の抗議活動の背後にもまた，デモの有効性を信じ，それに参加するリスク受容的野党支持者の存在があることを示している。

リスク受容的な有権者の存在が，ある政治勢力にとって有利になるのか，それとも不利になるのかはその時々の政治，経済状況に強く依拠していると考えられる。安倍政権はたまたまその恩恵を受けたに過ぎないのかもしれないのである。

さて，本書ではこれまで第2期安倍政権下での具体的な選挙や出来事を例

に，有権者のさまざまな政治行動や政治意識に対してリスク態度が与える影響について検討してきた。次章ではこうした時系列に沿った政治現象からは離れて，代表民主制の存続という，より広い視点から，有権者の代理人としての政党に対する信頼／不信の形成においてリスク態度が果たす役割について検討する。

第8章
リスク態度と政治家−政党への信頼

　本書ではこれまで第2期安倍政権下での日本政治を対象に，時系列に沿ってリスク態度が，投票先の変更（第3章），分割投票（第4章），政策変更への支持（第5章），投票選択（第6章），抗議活動への参加（第7章）に与える影響を検証してきた。本章ではこうした実際の出来事の説明からは離れ，ある種，規範的な前提を置きつつ，より一般的にリスク態度が政治家および政党に対する有権者の信頼／不信に与える影響について検討する。

　政治家および政党は代表民主制において有権者の意見を政治過程に代表させる上で重要な機能をもつ。もし有権者が選挙で示される選択肢としての政治家や政党に対して強い不信感を抱くのであれば，代表民主制は機能しない。たとえば，2009年から2012年の民主党政権下の状況について考えてみよう。2009年8月の衆院選での国民の熱狂的な支持を受け誕生した民主党政権は，政権発足直後より数々の失政を重ね，約3年後の2012年12月の衆院選で自民党に政権の座を再び明け渡した。外形的に見れば，これは有権者の利益に沿った政策を行わなかった政権与党が有権者の裁きを受け，下野したということであり，代表民主制が想定どおり機能した事例とみなすことができる。有権者の強い不満にもかかわらず，中選挙区制のおかげで政権を長期にわたって維持した五十五年体制下の自民党のことを考えると，その違いが際立つ。まさに政権交代をより現実的なものとし政権与党が有権者の声に反応する度合いを高めようとする小選挙区制導入の所期の目的が達成された1つの証左とも言える。

　しかし必ずしもこの事例を素直に「良い事例」として評価することはできない。なぜなら2012年の衆院選で圧勝し，民主党から政権を奪った自民党

も，多くの有権者の支持を受けていたとは言えないからである。これは民主党政権に期待した多くの有権者が失望する一方，かと言ってその受け皿となるべき自民党にも期待しなかったことの表れであり，いわば政党全体に対する不信の結果である。

　代表民主制において失政を重ね有権者の支持を失った政権与党が，選挙で「罰」を受けることは望ましいことと考えられてきたが，この事例が示唆するのは，政権交代が実現した一方で，民主党の失政によって民主党のみならず自民党も含めた政治家や政党に対する有権者の不信が増大したということである。有権者の高い期待を受けて成立した政権が失敗し，政権交代が起きるたびに政治不信が増幅されるとすれば，これは代表民主制にとって大きな問題となる。

　本章では以上のような関心にもとづき，まず2009年で民主党に投票し結果として「裏切られ」た有権者は，2009年衆院選で自民党に投票した有権者よりも，3年後の2012年衆院選において，高い政党不信に陥っていることを示す。その上で，2009年衆院選で民主党に投票した有権者のうちどのような有権者がその3年後，政治不信に陥っていないのか理論的に検討し導いた，次のような仮説を検証する。期待が裏切られたにもかかわらず不信を増大させない有権者，それは自らの選択の結果，期待した結果が得られず「裏切られる」可能性を許容するリスク受容的な有権者である。反対に，そうした不確実性を嫌うリスク回避的な有権者は，選挙で投票した政党が不本意な成果しか上げなかった場合には，政党への不信感を増幅させ，選挙での投票というギャンブルから撤退するであろう。

リサーチクエスチョン

　第3章でも述べたとおり，2009年8月30日の第45回衆議院議員衆院選において民主党は，得票率（小選挙区）47.43%を獲得し480議席中308議席を占めるなど大勝を収めた。投票率も小選挙区で69.28%と，1993年衆院選以降で最も高く，有権者の民主党に対する高い期待がうかがえた。実際，衆院選直後の2009年9月に実施された読売新聞・早稲田大学共同世論調査によると，民主党に「期待している」あるいは「ある程度期待している」と答えた回答者の割合は73.1%にも上った。

しかし，民主党政権は政権発足直後から，米軍普天間基地移設問題，尖閣諸島中国漁船衝突事件，小沢一郎をめぐるいわゆる陸山会事件，原発事故の対応，低迷する株価など失政を重ね，首相は 2 回交代し内閣支持率は下落の一途をたどった。その結果，2012 年 12 月の衆院選では 2009 年とは反対に，得票率（小選挙区）22.81%，480 議席中獲得議席 57 議席という大惨敗を喫した。

このことは一見，不人気の政府が有権者の意思によって倒され政権交代が実現したという意味で，代表民主制が機能した好例に見える。すなわち，代理人としての与党の応答性が低い，あるいは与党が有権者の選好に合致した結果を出していないと有権者が判断したために，選挙において有権者は与党に罰を与えたのである (e.g., Key 1966; Fiorina 1981; Lewis-Beck 1988)。

しかし一方で，これを素直に肯定すべき事例とすることができない現状もある。それは 2012 年衆院選における低い投票率，そしてその結果としての自民党の低い絶対得票率での大勝である。2012 年衆院選の投票率は 59.32%と，2009 年のそれと比較して 10%も低いばかりか，その時点での史上最低を記録した。そのような中，自民党は，惨敗した 2009 年よりも小選挙区でも比例区でも得票数を減らしたにもかかわらず 480 議席中 294 議席を獲得した。また，民主党政権下で民主党支持率が下落し続けた間，自民党はおおむね支持率 15%前後と支持を伸ばしておらず，自民党が民主党に対する不満の受け皿になっているとは言い難かった。つまり外形的には代表民主制が機能したように見える一方，その実質を見ると自民党が有権者に積極的に支持された結果，民主党に取って代わったというわけではないのである。

こうした現状は，2009 年の劇的な政権交代を経て誕生した民主党政権期への失望が，有権者の間に民主党のみならず自民党をも含む政党全体に対する不信を増幅させたことを示唆する。政治的スキャンダルなど与党にまつわる事件であったとしても，与党のパフォーマンスに対する低い評価は与党のみならず政治全般に対する信頼の低下に繋がりうる (e.g., Hetherington and Rudolph 2008; 善教 2013)。有権者の高い期待を背負って成立した民主党政権の失敗は，その反動で政党や政治化に対する大きな不信をもたらしたのである。

このような低い与党のパフォーマンスが政党への信頼に与える影響は，

2009年衆院選で民主党に期待し投票した有権者の間でとりわけ大きいと考えられる。実際にこのことをデータで確認してみよう。2012年12月の衆議院議員総選挙の前後に実施されたJapanese Election Study V（JES V）の面接調査の選挙前調査[1]では、「かなり信頼することができる」から「ほとんど信頼することができない」の4つの選択肢を含む質問を用いて「政党・政治家」に対する信頼が測定されている。これを値が大きくなるほど信頼の度合いが大きくなるようにコード化する。

ただし、この設問においては「どちらともいえない」などの中立の回答選択肢が与えられていない。そして、「わからない」との回答が30.4%もの割合を占める。これらのことから、政党・政治家について信頼できるとも信頼できないとも言えない回答者が、「わからない」と答えた可能性が高いと考えられる[2]。したがってここでは、「わからない」との回答を中立のカテゴリとみなし、「ほとんど信頼することができない」を1,「あまり信頼することができない」を2,「わからない」を3,「やや信頼することができる」を4,「かなり信頼することができる」を5としてコード化し、5点尺度を作成する。

表8-1は回答者を、2012年衆院選の時点での自己申告による2009年衆院選比例区投票先ごとに分け、それぞれ政党・政治家信頼の平均値を示したものである。これらグループ間の平均値がすべて同じである（今回観察された

表8-1 2009年衆院選投票先と政党・政治家への信頼

	自民党へ投票	民主党へ投票	その他野党へ投票	棄権
政党・政治家信頼（平均値）	2.393 $n=416$	2.129 $n=427$	2.332 $n=196$	2.286 $n=434$

$F(1,876) = 9.17231, \ p=0.003$

1 　この2012年衆院選事前調査は、慶應義塾大学グローバルCOE『市民社会におけるガバナンスの教育研究拠点形成』により実施されたものである。全国の満20歳以上の男女から層化2段無作為抽出法により抽出した4000人を対象として、面接法により実施した。調査期間は、2012年11月24日〜12月9日、有効回答者数は1803人であった。

2 　Yamada and Ono (2016)は、中立のカテゴリが回答選択肢に無いことによって「わからない」との回答が有意に増えることをサーベイ実験によって示している。

違いは偶然である)との帰無仮説は1％水準で棄却される。この表によると，最も政党・政治家への信頼の平均値が大きいのは，2009年に自民党に投票したと答えたグループであり，その平均値は2.393である。一方，最も平均値が低いのは，2009年に民主党に投票したと答えたグループであり，その平均値は2.129である。この値は2009年に棄権したと答えたグループの平均値2.286よりも低くなっている。これらのことからやはり2009年に民主党に投票した有権者は，約3年を経て民主党政権に失望し裏切られたと感じ，自民党に投票した有権者と比べて政党や政治家に対する信頼を低下させたと思われる。

　以上のように，2009年に民主党に期待し，投票した有権者(必ずしも民主党支持者とは限らない)の間では，民主党政権最末期において政党・政治家への信頼が低かった。また民主党政権下では，民主党支持率の低下が野党の支持率の上昇に繋がったわけでもなく，2012年衆院選での自民党の勝利は必ずしも自民党が有権者から積極的に支持された結果ではなかった。つまり，3年間の民主党政権によって，主に民主党に投票した人の間で，民主党のみならず自民党に対する有権者の政党・政治家不信が増大したことがうかがえる。もし仮に政権交代で誕生した新政権に対する有権者が失望するたびに政党や政治家への不信が再生産され強まるのであれば，選挙での投票率が下がるだけでなく，有権者の選択が形骸化し代表民主制は機能不全に陥ってしまうであろう。

　しかしながら，期待した政党に裏切られたからと言ってすべての有権者が政治不信を高めるとは限らない。当然，2009年に民主党に投票したにもかかわらず政党・政治家への信頼を低下させなかった有権者も存在するであろう。2009年に民主党に投票し，期待を裏切られた有権者のうち，どのような有権者が2012年の時点で政党・政治家に対する相対的に高い信頼をもっていたのであろうか。

　期待を裏切られた有権者が，どのようなメカニズムで政治に不満や不信を抱くようになるのかについて，先行研究では主に制度の観点から答えが与えられてきた。第一に，選挙における「勝者」となった有権者集団の方が「敗者」となった有権者集団よりもデモクラシーを支持する傾向にあることが知られている(Anderson et al. 2005)。しかし，その度合いはその国で採用されている選挙制度によって異なる。たとえば，国際比較を通じてAnderson and

Guillory (1997)は、二大政党制、小選挙区制によって特徴づけられる多数決型デモクラシーよりも、多党制、比例代表制によって特徴づけられる合意型デモクラシーの方が勝者と敗者のデモクラシーへの支持の差は大きくなるということを示した。それは、比例代表の方が「死票」が少なく、少数意見も議会に反映されやすいので、選挙で負けた側にも一定の政策への影響力が期待できるからである。

また Mittal and Weingast (2013)は、選挙における「敗者」がその結果をすんなり受け入れる条件として、「自己拘束的」(self-enforcing)な制度の存在を主張した。「敗者」はその結果を受け入れたところで、一時的には一定の損害を受けても、また次のチャンスがあると期待できれば結果に同意し、それを受け入れる。すなわち、負けの範囲(あるいは勝ちの範囲)が明確でかつ制限され、「敗者復活」が期待できる制度であるかどうかが重要である。こうした自己拘束的な制度の例としては、何があっても奪われることがない国民の権利を明記したアメリカ合衆国憲法がある。

これらの先行研究は、期待が裏切られた人々が政治に不満や不信を抱くようになるかどうかを制度間の違いを説明しているという点で、同じ制度下での事例を問題としている本章の関心には合致しない。しかし、これらの先行研究に共通するのは制度が人々の期待形成に与える役割を重視している点である。つまり前者の議論では代表性への期待、後者の議論では敗者復活への期待がカギである。本章ではこうした人々の次の選挙についての期待形成という概念にもとづき、あくまで制度レベルではなく個人レベルの要因によってどのように次の選挙についての有権者の期待形成のあり方が異なるのか、またそれがどのように政治不信に結びつくのか検討する。

理論的検討と仮説

なぜ期待を裏切られた有権者が政党や政治家を含む政治に対する不信を深める場合とそうでない場合とがあるのか。本章では、リスク受容的な有権者ほど、期待が裏切られてもなお、政党・政治家に対する不信を深める度合いが小さいと主張する。

リスク受容的な有権者は、現状よりも悪くなる可能性があったとしても、現状よりも良くなる可能性に賭けて、現状維持よりもギャンブルを好む。つ

まり，負ける可能性があることを理解し受け入れた上で，選択を行っていると考えられる。したがって，仮にギャンブルをした結果，負けたとしても，「そういうこともある」と納得し，場合によっては「負け」を取り返すべく，次の選択の機会でも懲りずにギャンブルを選ぶかもしれない。

　一方，リスク回避的な有権者は，現状よりも悪くなる可能性があることを許容しない有権者である。彼らはギャンブルをすることで現状よりも良くなる可能性があったとしても，現状よりも悪くなる可能性を恐れて，それを行わない。つまり負ける可能性があることをそもそも受け入れられない。したがって，たまさかギャンブルをしてその結果負けてしまった場合，その結果に納得せず，次の選択の機会ではギャンブルすること自体に関心を失うかもしれない。非常に卑近な例であるが，リスク受容的な人が競馬の馬券を購入して負けた場合，それでも次に勝つことを期待して，ギャンブルを続けるかもしれないが，リスク回避的な人がたまたま競馬の馬券を購入して負けた場合，それに懲りてギャンブルに興味を失うであろう。

　本書の中でこれまで何回か述べたとおり，選挙において候補者に投票することは，不確実性のある「くじ」を購入することと似ている (Shepsle 1972)。あるいは，よく選挙は「競馬」(horse race) に譬えられるが，その意味で投票は自分の利益を最大化すると信じる馬の馬券を購入することであり，多かれ少なかれギャンブルに参加することである。そのような選挙に負ける可能性を許容できるリスク受容的な有権者は，負けることがあっても選挙に参加し続けるのに対し，負ける可能性を許容できないリスク回避的な有権者は，負けることで選挙から撤退してしまうであろう。こうした予測は，第7章で示した，リスク受容的な有権者ほど，自分の意見を政治に反映させる上での投票の有効性を見出す，との結果と整合的である。

　以上をふまえて，2009年衆院選を見ると，このとき政権交代による大きな現状変更を掲げる不確実性の高い「くじ」としての民主党に多くの有権者が投票し，民主党政権が誕生した。民主党政権は現状よりも良い結果をもたらす可能性もある一方で，現状よりも悪い結果をもたらす可能性もあったが，先にも述べたとおり結果として実現したのは後者であった。こうした現実を前に，民主党に投票した有権者のうちリスク受容的な有権者は，それでもなおそうした現状を受け入れ，次は良い可能性の方が実現することを信じ「くじ」としての政党や政治家への信頼を失わなかったと考えられる，しか

し，民主党に投票した有権者のうちリスク回避的な有権者は，結果として民主党政権が失敗したという現実が受け入れられず，「くじ」としての政党や政治家を信用しなくなったと考えられる。

　以上の理論的検討をふまえ，ここでは他の要因を考慮しつつ，「2009年衆院選で民主党に投票した有権者は，自民党に投票した有権者よりも，2012年時点で政党・政治家への低い信頼をもっていた」という仮説に加えて，「2009年衆院選で民主党に投票した有権者のうち，リスク受容的な有権者ほど2012年時点で政党・政治家へのより高い信頼をもっていた」との仮説を検証する。

データ分析

　これらの仮説を検証するために，2012年衆院選前後に実施されたJES Vの面接調査データを分析する。まず従属変数について，先に説明したとおり選挙前調査における「政党・政治家」への信頼の尺度(1-5)を用いる。次に，独立変数もすべて選挙前調査からのものであり，主要な独立変数である2009年衆院選での投票先は3つのダミー変数によって操作化される。最初のダミー変数は2009年民主投票であり，2009年衆院選で民主党に投票したと答えた回答者を1，それ以外を0とコード化する。二番目のダミー変数は2009年非自民・非民主投票であり，2009年衆院選で自民党，民主党以外に投票したと答えた回答者を1，それ以外を0とコード化する。三番目のダミー変数は，2009年棄権／忘れたであり，2009年衆院選で棄権したかあるいは2009年にどこに投票したか忘れたと答えた回答者を1，それ以外を0とコード化する。これらからわかるとおり，比較の対象となる参照カテゴリは2009年自民投票である。

　さらに2009年民主投票と政党・政治家不信の因果を媒介する変数として，一般的リスク態度を独立変数としてモデルに含める。ここではこれまでと同様，「虎穴に入らずんば虎児を得ず」ということわざに同意する程度で，一般的なリスク態度を測定し，リスク受容的になるほど値が高くなるように，「同意しない」を1，「あまり同意しない」を2，「どちらともいえない」を3，「ある程度同意する」を4，「同意する」を5とコード化する。

　統制変数としては，基本的な個人属性，政党支持態度，経済状態認識を

モデルに含める。基本的な個人属性としては，男性ダミー（1：男，0：女），年齢(年齢をそのまま)，世帯収入（1：200万円未満〜12：2000万円以上の12段階），大卒ダミー（1：大卒，0：非大卒)である。これらを含めることで，たとえば「女性ほど2009年に民主党に投票する一方で，政党・政治家を信頼しない」や「年齢が低いほど2009年に民主党に投票する一方で，政党・政治家を信頼しない」という可能性を考慮しつつ，2009年民主党投票が2012年の政党・政治家信頼に与える影響を検証することができる。

また政党支持態度については，民主党支持ダミー（1：民主党支持，0：それ以外），その他野党支持ダミー（1：自民党以外の野党支持ダミー，0：それ以外），無党派ダミー（1：政党支持なし，0：それ以外)の3つのダミー変数を作成する(参照カテゴリは自民党支持)。これを含めることで，たとえば「民主党支持者ほど，2009年衆院選で民主党に投票した(と答える)一方で，2012年衆院選前，政党や政治家への不信感が強い」という可能性を考慮することができる。すなわち，2012年時点での政党・政治家不信は，単に民主党を支持しているからである，という可能性を排除しつつ，2009年民主党投票の政党・政治家不信への影響を検証することができる。

最後に，経済状態認識は，現在の日本の景気について経済状態認識が悪くなるほど数値が高くなるように，「かなり良い」，「やや良い」，「どちらでもない」，「やや悪い」，「かなり悪い」の回答に対してそれぞれ1から5の数値を割り当てる。またここでは，2009年民主党投票の政党・政治家不信への影響がリスク態度によって異なるという仮説を検証するために，2009年民主党投票ダミーとの交差項を独立変数に含めた分析も行う。

従属変数である政党・政治家信頼を1から5の値をもつ連続変数と考え，最小二乗法による線形モデル推定を行う[3]。分析に用いられた変数の記述統計は表8-2，交差項を含まない基本モデルと交差項を含む交差項モデルの2つのモデルを推定した結果は表8-3のとおりである。

---

[3] 本文中で述べたとおり，政党・政治家信頼の質問において「わからない」の回答を信頼でも不信でもない中間の値をもつものとして尺度を作成したため，政党・政治家信頼について，必ずしも実質的意味において順序を伴ったカテゴリ変数とはみなせないと考えたため，順序ロジットではなく最小二乗法による線形モデルを推定した。

表8-2 分析に用いた変数の記述統計

変数	ケース数	平均値	標準偏差	最小値	最大値
政党への信頼	1782	2.297	0.887	1	5
男性ダミー	1803	0.500	0.500	0	1
年齢	1803	47.977	15.257	20	75
世帯収入	1269	4.894	2.587	1	12
大卒ダミー	1763	0.260	0.439	0	1
民主党支持ダミー	1669	0.136	0.343	0	1
その他野党支持ダミー	1669	0.183	0.387	0	1
無党派ダミー	1669	0.433	0.496	0	1
2009年民主党投票ダミー	1480	0.289	0.453	0	1
2009年その他野党投票ダミー	1480	0.134	0.341	0	1
2009年棄権ダミー	1480	0.296	0.457	0	1
悪い経済状態認識	1758	4.462	0.672	1	5
一般的リスク受容	1590	3.521	0.855	1	5

表8-3 政党への信頼の決定要因

	従属変数：政治家・政党信頼			
	基本モデル		交差項モデル	
独立変数	推定値		推定値	
定数項	3.608**	(0.274)	3.827**	(0.291)
男性ダミー	-0.203**	(0.061)	-0.201**	(0.061)
年齢	-0.004*	(0.002)	-0.005*	(0.002)
世帯収入	-0.006	(0.012)	-0.007	(0.012)
大卒ダミー	0.142*	(0.069)	0.131 †	(0.070)
2009年民主党投票ダミー	-0.244**	(0.085)	-0.785**	(0.262)
2009年その他野党投票ダミー	-0.123	(0.106)	-0.134	(0.106)
2009年棄権／忘れたダミー	-0.185*	(0.093)	-0.199*	(0.093)
民主党支持ダミー	-0.144	(0.103)	-0.135	(0.103)
その他野党支持ダミー	-0.059	(0.100)	-0.053	(0.100)
無党派ダミー	-0.219**	(0.083)	-0.216**	(0.083)
悪い経済状態認識	-0.189**	(0.042)	-0.191**	(0.042)
一般的リスク受容	0.010	(0.033)	-0.045	(0.042)
2009年民主党投票ダミー×一般的リスク受容			0.151*	(0.069)
n	937		937	
調整済 R^2	0.056		0.060	

有意水準：† : 10% * : 5% ** : 1%
カッコ内は標準誤差
最小二乗推定

まず表8-3の基本モデルについて，仮説の予測どおり2009年民主投票が1パーセント水準で統計的に有意な負の影響を政党・政治家信頼に与えている。すなわち，個人属性や政党支持の影響を考慮してもなお，2009年衆院選で民主党に投票した有権者は2009年衆院選で自民党に投票した有権者と比べて低い政党・政治家不信をもっており，前者の政党・政治家信頼の値は平均して後者のそれと比べて0.224ポイント低い。

そのほか，男性ダミー，無党派ダミー，悪い経済状態認識が1％水準で，年齢と2009年棄権／忘れたダミーが5％水準で，それぞれ統計的に有意な負の影響を政党・政治家信頼に与えている。つまり，男性ほど女性に比べて，無党派ほど自民党支持者と比べて，悪い経済状態認識をもつほど，年齢が若いほど，2009年衆院選で棄権した者ほど自民党投票者と比べて，それぞれ政党・政治家信頼が低くなっている。さらに，大卒ダミーの係数の正の推定値が5％水準で統計的に有意なことから，大卒ほど非大卒と比べて政党・政治家信頼が高いことがわかる。

なおこの基本モデルにおいて，一般的リスク受容の係数の推定値は10％水準でも統計的に有意になっていない。つまり，リスク受容的であろうとリスク回避的であろうと，政党・政治家を信頼する度合いに違いは無い。ただし本章での仮説の主張は，2009年衆院選で民主党に投票した有権者のうち，リスク受容的な有権者ほど2012年時点で政党・政治家への高い信頼をもっていた，というものであった。そこでこの仮説を検証するために，同じく表8-3にある交差項モデルの結果を解釈する。

これによると2009年民主投票と一般的リスク受容の交差項の係数の推定値は，5％水準で統計的に有意な正の値を示していることがわかる。つまり，2009年衆院選で民主党に投票した有権者のうち，リスク受容的な有権者ほど，2009年民主投票の係数の推定値が高くなっており，政党・政治家に対してより高い信頼を抱いている，ということである。

ただしこうした2009年民主投票の係数の推定値が政党・政治家信頼に与える影響の実質的な意味および統計的有意性を確認するためには，2009年民主党投票の政党・政治家信頼への影響を一般的リスク受容の関数とみなし，一般的リスク受容の値が変化するにつれ2009年民主党投票の政党・政治家不信への影響の推定値，およびその95％信頼区間がどのように変化するのか図示して確認する必要がある。図8-1は，横軸に一般的リスク受容，

図8-1　2009年民主党投票の政党信頼への影響

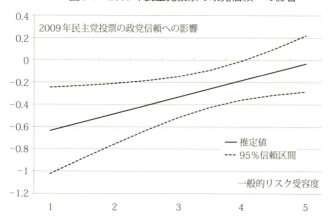

　縦軸に一般的リスク受容の関数としての2009年民主投票の政党・政治家信頼への影響をプロットしたものである[4]。図中の実線は，一般的リスク受容の関数としての2009年民主投票の係数の推定値，図中の破線は，それに付随する95%信頼区間の上限と下限をそれぞれ表す。もしこの95%信頼区間が縦軸の"0"の値をまたいでいる場合，それに対応する推定値は5%水準で統計的に有意に"0"と異ならないということである。

　この図によるとやはり仮説どおり，横軸のリスク受容の値が高くなるにつれ，縦軸にプロットされた2009年民主投票の政党・政治家信頼への影響が大きくなっており，2009年衆院選で民主党に投票した有権者のうち，リスク受容的な有権者ほどより高い政党・政治家信頼を抱いていることがわかる。具体的に，仮にある有権者が「虎穴に入らずんば，虎児を得ず」とのこ

---

[4] この図において，一般的リスク受容度の関数としての2009年民主投票ダミーの係数の推定値およびその95%信頼区間の上限と下限は次のとおり求めた。

$$\hat{\beta}_1 + \hat{\beta}_2 x_2 \pm 1.96 \times \sqrt{Var(\hat{\beta}_1) + x_2^2 \times Var(\hat{\beta}_2) + 2x_2 \times Cov(\hat{\beta}_1, \hat{\beta}_2)}$$

ここでx_2は一般的リスク受容度，$\hat{\beta}_1$は2009年民主投票ダミーの係数の推定値，$\hat{\beta}_2$は2009年民主投票ダミーと一般的リスク受容度との交差項の係数の推定値である。

とわざに同意せず，最もリスク回避的とみなされる場合（横軸の"1"の値），2009年民主党投票の係数の推定値は−0.634と負の値を示すが，これは5％水準で統計的に有意である（縦軸にプロットされた推定値の95％信頼区間が"0"をまたいでいない）。つまり最もリスク回避的な有権者，言い換えれば最もリスク受容度が低い有権者が2009年に民主党に投票していた場合，2012年衆院選前の時点での政党・政治家への信頼は，2009年に自民党に投票していた有権者の場合と比べて有意に低くなる。

しかし，一般的リスク受容の値が高くなるにつれ，2009年民主投票の係数の推定値が小さくなり，一般的リスク受容の値が"5"の場合，つまり上のことわざに「同意する」と答えた最もリスク受容的な有権者の場合，2009年民主投票の係数の推定値が5％水準で統計的に有意ではなくなる。これは，一般的な意味でリスク受容的な有権者の場合，2009年に民主党に投票していたとしても，2009年に自民党に投票していた有権者と同程度，2012年時点において政党・政治家を信頼しているということである。これらの分析結果から，「2009年衆院選で民主党に投票した有権者のうち，リスク受容的な有権者ほど2012年時点で政党・政治家への高い信頼をもっていた」との仮説は検証されたと言える。

まとめ

本章では，有権者のリスク態度に焦点を当てつつ，2009年民主党投票が，2012年時点での政党・政治家に対する信頼の度合いに与える影響を検証した。JES Vの2012年衆院選面接調査を分析した結果によると，2009年衆院選で民主党に投票した有権者は，同じ選挙で自民党に投票した有権者と比べて，民主党政権成立から約3年後の2012年衆院選前の時点において政党・政治家を信頼する度合が低かった。さらにそうした政党・政治家を信頼する度合いにはリスク態度による違いが存在していた。すなわち，2009年衆院選で民主党に期待し投票したものの，その後の民主党政権の失政により期待を「裏切られた」と感じた有権者は，政党や政治家に対する信頼を低下させるが，そうした状況においてもリスク受容的な有権者ほどその度合いが小さく政党・政治家への信頼を低下させなかったのである。

こうした結果は，代表民主制に対して重要な示唆を与える。代表民主制に

おいて，自分が投票した政党に期待を裏切られたと有権者が感じることは，決して珍しいことではない。しかし，期待が裏切られるたびに有権者の間での政党や政治家，ひいては選挙という仕組み自体への信頼が低下するようでは，代表民主制の存続はおぼつかない。政治不信は投票率の低下との強い関連があるが(Hetherington 2005; 善教 2013)，1990年代以降の政党の乱立と消滅，離合集散による政党への幻滅は，1990年代半ば以降の投票率の低下と決して無縁ではないであろう。

とりわけ，2009年に誕生した民主党政権への高い期待が裏切られたことは，影響が大きかったように思われる。民主党政権を誕生させた2009年衆院選は1996年の小選挙区比例代表並立制導入以降最高の投票率だったのが，その後2012年衆院選，2014年衆院選と連続で過去最低の投票率を記録した。これは，民主党への高い期待が裏切られた反動で強い政治不信が生み出されたことにもよるであろう。

かつて55年体制下においては，心理的愛着としての政党支持をもつ有権者の割合が高く，政治スキャンダルなど多少政権が失政を行おうとも内閣支持率は維持され(猪口 1983)，政党や政治家に対する信頼はある程度保たれていた。しかし，無党派層が急速に増大した1990年代半ば以降，失政が政治信頼に与える悪影響を減じる大きな歯止めが失くなり，善教(2013)にあるように政党への信頼は低下してきている。

そのような中，本章で示したのは，リスク受容性が歯止めとして機能しうるということである。リスク受容的な有権者は，選挙という政党や候補者を対象とする一種のギャンブルにおいて期待が裏切られる可能性を許容できるため，仮に裏切られたとしても，政党や政治家に大きく失望することなく，選挙に参加する意欲を失わないと考えられる。もちろん彼らは代表民主制における重要な意義をもつ制度として選挙を尊重するのではなく，単に選挙をゲームと見なしてギャンブルに興じているだけかもしれない。しかし，いずれにせよリスク受容的な有権者のこうした気質は，有権者とりわけ負け続ける野党支持者が過度に無力感をもつことなく継続的に選挙に参加し，選挙が競争的になることに貢献している可能性が高いと言えるであろう。

第9章
リスク態度の決定要因

　本書では，これまでリスク態度という概念を用いて安倍政権下の選挙政治の軌跡を読み解いてきた。安倍政権は2012年12月の衆院選で大勝し誕生し，2013年7月の参院選では両院で多数派を押さえ，2014年7月に安全保障政策の大幅な変更を行い，2014年12月，再び衆院選で圧勝した。この背後には常にリスク受容的な有権者の存在があった。すなわち，政権交代が実現した2012年12月の衆院選では民主党から自民党への大きなスウィングが起きたが，2009年に民主党に投票した有権者のうちリスク受容的な有権者ほど，2012年には自民党に投票する傾向があった。

　また2013年7月参院選では，現状変更をより積極的に推し進めるべく，参議院も自民党に多数派を取らせるかどうかが問われたが，ここでもリスク受容的な有権者は，大胆な変化を求めて，比例区，選挙区ともに自民党に票を投じた。

　さらに2014年7月の集団的自衛権行使容認の閣議決定時において，集団的自衛権行使容認によって日米同盟の抑止力が増す可能性がある一方で，アメリカの戦争に巻き込まれる可能性が高まるという不確実性がある中で，リスク受容的有権者はこれを支持した。

　そして2年間の安倍政権の成果が問われた2014年12月の衆院選では，自民党が大勝を収めた影でその対極にある共産党が躍進したが，これはさらなる変革を求めるリスク受容的有権者と，変革にブレーキをかけたいリスク回避的な有権者が分かれた結果であったと考えられる。

　このように，安倍政権下における選挙政治はリスク態度という概念によって，一貫して理解することが可能である。ではいったいリスク受容的有権者

とはどのような有権者なのであろうか。リスク受容的有権者とそうでない有権者とを分ける要因は何なのか。本章では，こうした問題に対して仮説検証型ではなく探索型のアプローチによって迫る。

探索的分析

リスク態度を規定する要因として，これまでさまざま研究が行われてきたが，その結果は，概ね一致している。たとえば，Donkers, Melenberg, and Soest（2001）によると，女性ほど，年齢が高いほどリスク回避的である一方，高学歴者ほど，高所得者ほどリスク受容的である。またDohmen et al.（2011）でも同様に，女性ほど，高齢者ほど，リスク回避的である一方，身長が高いほどリスク受容的であることが報告されている。

さらに，リスク態度は選択が行われるフレーミングに依存する。その影響を理論化した最も有名なものが本書でも何度か紹介したKahneman and Tversky（1979）のプロスペクト理論である。この理論によると，リスク態度は利益が確定した状況での選択か，損失が確定した状況か，というフレーミングの仕方に依存する。すなわち，利益が確定した状況では人々はいくらさらに利益が増える可能性があったとしても，せっかく確定した利益を失う可能性があるような不確実性の高い選択肢を好まないが，損失が確定した状況では人々は，さらに損失が出る可能性があるにもかかわらず，利益が出る可能性に賭けて不確実な選択肢を好むのである。

これらをふまえて本章の分析では，Japanese Election Study Vの2014年衆院選時のデータ[1]を用いつつ，男性ダミー（1：男性，0：女性），年齢（年齢をそのまま），世帯収入（1：300万円未満，2：300万円以上〜500万円未満，3：500万円以上），大卒ダミー（1：大卒，0：それ以外）を独立変数としてモデルに含める。先行研究の結果から予想されるのは，リスク受容的態度に対して，男性ダミー，世帯収入，大卒ダミーが正の影響，年齢が負の影響を与える，ということである。

---

1 この調査は，インターネット上で衆院選前後に実施されたもので，データは楽天リサーチのパネルから実際の人口動態に従って性別，年齢，居住地域よって選ばれた，20以上の男女2,786人から成る割り当て標本となっている。

さらにプロスペクト理論に対応したものとして，ここではいくつかの種類の経済評価を独立変数とする。景気や暮らし向きが良いと感じている人は，利益が確定した中でさらなる選択を行おうとしていると解釈できる。たとえば現在経済状態が良い，経済状態が以前より良くなった，あるいは経済状態が今後良くなると思っている人は，それぞれすでに利益を維持しているか，利益を獲得したか，今後獲得すると期待していると解釈できる。したがって，そのような人は，さらに利益を獲得する可能性があったとしてもわざわざ損失を被る可能性のある不確実性の高い選択肢は好まないであろう。

　一方で，現在経済状態が悪い，経済状態が以前より悪くなった，あるいは経済状態が今後悪くなると思っている人は，それぞれすでに損失を出している状態か，損失を被ったか，今後損失を出すと予測していると解釈できる。したがって，そのような人は，利益が出る可能性があるなら，さらに損失を出す可能性があったとしても不確実性の高い選択肢を好むであろう。

　これらを検証するために，ここでは国全体の経済状態と回答者自身の暮らし向きについての現状認識，回顧的認識，将来予測をたずねた質問に対する回答を用いて，経済状態認識変数を操作化する。まず国全体の経済状態に関して，現状認識については，「今の日本の景気はどんな状態だと思いますか」との質問，回顧的認識については，「今の景気は1年前と比べるとどうでしょうか」との質問，将来予測については，「これから日本の景気はどうなっていくと思いますか」との質問それぞれに対する，中立の回答選択肢を含む5段階の回答に悪い認識から良い認識の順に値が大きくなるように，1から5の値を割り振る。

　次に，暮らし向きに関して，現状認識については，「今のお宅の暮らし向きに，どの程度満足していますか」との質問，回顧的認識については，「現在のお宅の暮らし向きを1年前と比べてみるとどうでしょうか。この中ではどれにあたりますか」との質問，将来予測については，「これからお宅の暮らしむきはどうなると思いますか」との質問それぞれに対する，中立の回答選択肢を含む5段階の回答に悪い認識から良い認識の順に値が大きくなるように，1から5の値を割り振る。これらの経済評価変数は，プロスペクト理論からすると，すべてリスク受容態度に対して負の影響を及ぼすはずである。

　以上の個人属性や経済評価以外にも，どのような有権者がリスク受容的な

のかより具体的に検証するために，以下の文章に対して回答者が同意する程度をコード化し，独立変数としてモデルに含める。JES Vでは，下に示した15個の文章について，「あなたは次にあげることがらについて，どう思いますか。あなたのお気持ちに最も近いものを，それぞれ1つだけお答えください」とたずね，回答選択肢として，「そう思う」，「どちらかといえばそう思う」，「どちらともいえない」，「どちらかといえばそう思わない」，「そう思わない」の5つを与えている。

1. 今の日本の政治家は，あまり私たちのことを考えていない
2. 世の中がどう変わるかわからないので，先のことを考えても仕方がない
3. 人々の暮らし向きは，だんだんと悪くなってきている
4. 世の中の移り変わりを考えると，子供の将来にあまり希望がもてない
5. このごろ，世間はだんだんと情（なさけ）が薄くなってきている
6. 世の中に，力のある者と力のない者がいるのは当然だ
7. どんなことでも，親のいうことには従わなくてはならない
8. 世の中のしきたりを破る者には，厳しい制裁を加えるべきだ
9. 人の上に立つ人は，下の者に威厳をもって接することが必要だ
10. できることならば，年頃の子供は，男女別々の学校に通わせるべきだ
11. 今の世の中は，結局学歴やお金がものをいう
12. 政治や社会についていろいろな事が伝えられているが，どれを信用していいかわからない
13. 今の世の中では，結局，正直者が損をし，要領のいい人が得をする
14. どうも自分の言いたい事や考える事は世間の人には受け入れられない
15. 今のような生活をしていては，とても自分の夢は実現できそうにない

これらの文章について，1と12は政治不信の尺度，2，3，4，15は将来についての悲観的態度の尺度，5は他人に対する不信感の尺度，6，11，13は弱肉強食のリアリスト的世界観の尺度，7と10は社会的に保守的な態度の尺度，8は他罰傾向の尺度，9は強いリーダーシップを求める傾向の尺

度，14は疎外感の尺度と解釈することができる。ここでは，これらについて同意する程度が大きくなるほど値が大きくなるように1から5の5段階でコード化し，仮説を設定せず純粋に探索的に，独立変数としてモデルに含める。

従属変数は第6章と同様，一般的リスク態度におけるリスク受容度であり，受容度が高いほど値が大きくなるように，「虎穴に入らずんば虎児を得ず」ということわざに対して，「同意しない」との回答を1，「あまり同意しない」との回答を2，「どちらでもない」との回答を3，「ある程度同意する」との回答を4，「同意する」との回答を5とコード化する。また，経済政策リスク態度におけるリスク受容度について，「成功すれば効果は大きいが，失敗する可能性が高い政策」を好むとの回答を1，「成功しても効果は小さいが，失敗する可能性が低い政策」を好むとの回答を0とコード化する。すぐにわかるとおり，一般的リスク受容は順序を伴ったカテゴリカルな変数，経済政策リスク受容は二値変数なので，それぞれ推定にあたっては順序ロジットとロジットを用いる。

まず個人属性と経済評価変数の係数の推定値を示したものが，表9-1であ

表9-1 一般的リスク受容的態度の決定要因

独立変数	一般的リスク受容		経済政策リスク受容	
男性ダミー	0.242**	(0.076)	0.338**	(0.097)
年齢	0.012**	(0.003)	-0.005	(0.004)
世帯所得	0.026	(0.047)	0.036	(0.060)
大卒ダミー	0.241**	(0.077)	-0.128	(0.097)
良い経済認識(現在)	0.074	(0.055)	0.180**	(0.068)
良い経済認識(回顧)	0.091	(0.056)	0.050	(0.071)
良い経済認識(将来)	0.229**	(0.052)	0.113 †	(0.065)
良い暮らし向き認識(現在)	0.030	(0.044)	-0.044	(0.056)
良い暮らし向き認識(回顧)	-0.011	(0.064)	0.067	(0.080)
良い暮らし向き認識(将来)	0.211**	(0.057)	0.118 †	(0.071)
n	2786		2786	
AIC	6782.505		3032.9	

有意水準：†：10% *：5% **：1%
カッコ内は標準誤差
一般的リスク受容は順序ロジット，経済政策リスク受容はロジットでそれぞれ推定。定数項は表から省略。その他の変数の推定値についてはそれぞれ図9-1と図9-2に図示。

る。この表においては，15個の文章に同意する程度で測定した変数群の係数の推定値は省略されている。まず一般的リスク受容を説明するモデルの推定結果を見てみると，男性ダミー，年齢，大卒ダミー，良い経済認識（将来），良い暮らし向き認識（将来）が，それぞれ1％水準で統計的に有意な正の値を示している。すなわち，男性ほど，年齢が高いほど，大卒ほど，将来についての良い経済認識をもっているほど，将来についての良い暮らし向き認識をもっているほどリスク受容的，つまり「虎穴に入らずんば虎児を得ず」ということわざに同意する傾向がある。

このうち先行研究からの予測に反するものとして，年齢と経済評価がある。先行研究では年齢が高いほどリスク回避的になるということであったが，この推定結果はそれとは反対の結果である。またプロスペクト理論からの予測では，経済状態が今後良くなると思っている人ほどリスク回避的になるはずであったが，国全体の経済状態認識についても暮らし向き認識についてもこの推定結果はそれとは逆の値を示している。

ただこうした結果は，日本の現状に鑑みるに妥当なもののように思われる。日本においては，たとえばこの調査が行われた選挙のあった2014年において，2人以上の世帯が保有する貯蓄なども含む金融資産の約70％は，世帯主が60歳以上の世帯で保有されていた[2]。つまり，概して高齢者の方が若者よりも資産をもっている。こうした資産はリスクを取ることを可能にする。たとえば，自分が現在100万円もっていたとして，確実に5,000円もらえるという選択肢と，それとも$\frac{1}{2}$の確率で10,000円がもらえるが，$\frac{1}{2}$の確率で何ももらえないという選択肢が示されたとして，100万円という資産からすると5,000円の確定利益はそれほど大きなものではないので，それを失っても良いという気持ちで後者の選択肢を選びギャンブルに興じることができる。しかしもし自分が現在1万円しかもっていないとすれば，ギャンブルに興じる余裕はなく，前者を選び確実に5,000円を受け取ろうとする動機が強まるであろう。このような理由から年齢が高いほど，リスクを好む傾向があ

---

[2] 総務省「家計調査報告（貯蓄・負債編）－平成26年（2014年）平均結果速報－（二人以上の世帯）」http://www.stat.go.jp/data/sav/sokuhou/nen/index.htm（2016年1月30日閲覧）

るという結果が出た可能性が考えられる[3]。

　さらに経済状態が今後良くなると思っている人ほどリスク受容的になるとの結果も同様に解釈できる。すなわち，経済が良くなると思っているということは今後利益が受け取れると思っているということである。もしそうならば，そうした将来の利益を前提に現在の手持ちでリスクを取ることが可能になる。一方，経済が悪くなると思っているということは今後利益が受け取れないと思っているということである。そうすると，現在のお金の使い道により慎重になってリスクを取ることができない。たとえば，来月10万円入ってくることがわかっているのであれば，現在の手持ちで一攫千金を狙うことも可能であるが，来月収入のあてがないのであれば，同じ額手持ちのお金があったとしても，それをそうそうギャンブルに使うことはできないであろう。実際，ギャンブルではないが，所得や雇用を将来失うかもしれないという危険性は，人々に貯蓄を促し，消費活動一般に対して悪影響を与えるという（小川1991; 土居2004）。

　次に，経済政策リスク受容を説明するモデルの推定結果を見ていくと，男性ダミー，年齢と良い経済認識（現在）が1％水準で，良い経済認識（現在）と良い暮らし向き認識（将来）が10％水準で，それぞれ統計的に有意な正の値を示している。すなわち，男性ほど，現在についての良い経済認識をもっているほど，将来についての良い経済認識をもっているほど，将来についての良い暮らし向き認識をもっているほどリスク受容的，つまりこの場合，「成功しても効果は小さいが，失敗する可能性が低い政策」よりも「成功すれば効果は大きいが，失敗する可能性が高い政策」を好む傾向がある。

　ここでも先と同様に経済変数が正の値を示していることについては，良い経済状態である，あるいはそれを将来見込めるからこそ慎重にならずに，よりハイリスク・ハイリターンの経済政策を許容できる，と解釈できる。またこの経済政策リスク受容の場合，先ほどのことわざと違い，「成功すれば効果は大きいが，失敗する可能性が高い政策」が安倍政権の経済政策を投影してしまっている可能性がある。すなわち，現在アベノミクスの恩恵を受けて，国全体の経済や自分の暮らし向きが良いと思っている人が，そのままア

---

[3] なおJES Vのデータには保有資産などの変数は含まれていないので，厳密にこのメカニズムが正しいかは検証することはできない。

ベノミクスの継続を望んで支持しているのかもしれない。

続いて，先に示した15個の文章に同意する程度の一般的リスク態度に対する影響の関係を示したものが図9-1である。この図の中で，左にある15

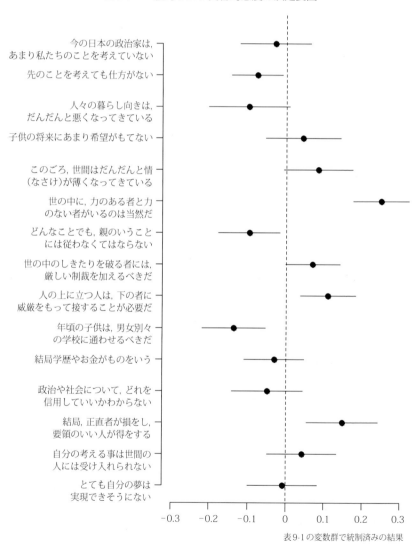

図9-1　一般的リスク受容的態度の決定要因

表9-1の変数群で統制済みの結果

個の文章それぞれの係数の推定値が各黒丸に対応している。この黒丸が垂直の破線で示した0の値よりも右にあれば、それぞれ対応する文章に同意することによって一般的リスク受容に対して正の影響をもつ、すなわちリスク受容的態度をもつ要因となるということである。反対にこの黒丸が垂直の破線で示した0の値よりも左にあれば、それぞれ対応する文章に同意することによって一般的リスク態度に対して負の影響をもつ、すなわちリスク回避的態度をもつ要因になるということである。ただしそれぞれの推定値の統計的有意性を確認するためには、黒丸から左右に水平に伸びた線に注目する必要がある。これは黒丸で表された係数の推定値の95％信頼区間の範囲を示したものであり、この線が破線をまたいでいると、それに対応する推定値は正であれ負であれ、5％水準で統計的に0の値と有意に異ならないということである。

　これらのことをふまえて図9-1を見ると、「このごろ、世間はだんだんと情(なさけ)が薄くなってきている」、「世の中に、力のある者と力のない者がいるのは当然だ」、「世の中のしきたりを破る者には、厳しい制裁を加えるべきだ」、「人の上に立つ人は、下の者に威厳をもって接することが必要だ」、「今の世の中では、結局、正直者が損をし、要領のいい人が得をする」の5つの文章に対応する推定値が少なくとも5％水準かそれに類する水準で統計的に有意な正の値を示している。つまりこれらの文章の内容に同意する人ほど、一般的な意味でリスク受容する傾向にある。これをより具体的に解釈すると、他人に対する不信感が強い人ほど、弱肉強食のリアリスト的世界観を持つ人ほど、他罰傾向が強い人ほど、強いリーダーシップを志向する人ほど、一般的な意味でリスク受容的な態度をもつということである。

　一方で、「どんなことでも、親のいうことには従わなくてはならない」と「できることならば、年頃の子供は、男女別々の学校に通わせるべきだ」の2つの文章にそれぞれ対応する黒丸は5％水準で統計的に有意な負の値を示している。つまり、社会的に保守的な態度を測定していると解釈できるこれらの文章に同意する人ほど、リスク回避的になる傾向がある。これは先の結果と興味深い対照をなす。先の結果もここで述べた結果も両方ともある種の保守主義を表す態度であると考えられるが、前者は個人主義的なのに対し、後者は権威主義的である。すなわち、前者において見られる人間像は、他人を使役するが信用せず、ひたすら他人との競争に勝ち抜こうとする新自由主

義的なものであるのに対し，後者は既存の共同体の秩序の維持を目指す社会的保守のそれである。新自由主義も社会的保守主義もともに安倍政権を支える思想の重要な柱であると考えられるが，リスク受容的有権者は，その中でも新自由主義的な支持基盤の一翼を担っていると考えられる。

　次に，15個の文章に同意する程度と経済政策リスク受容との関係を示したのが図9-2である。これによると「世の中に，力のある者と力のない者がいるのは当然だ」，「できることならば，年頃の子供は，男女別々の学校に通わせるべきだ」，「どうも自分の言いたい事や考える事は世間の人には受け入れられない」の3つの文章に対応する推定値が少なくとも5％水準かそれとほぼ同等の水準で統計的に有意な正の値を示している。つまりこれらの文章の内容に同意する人ほど，ハイリスク・ハイリターンの経済政策に賛同する傾向がある。これをより具体的に解釈すると，弱肉強食のリアリスト的世界観を持つ人ほど，社会的保守の価値観を持つ人ほど，社会から疎外感を感じている人ほど，リスク受容的な態度をもつということである。

　この中で，弱肉強食のリアリスト的価値観という点では先ほどの一般的リスク態度の場合と共通するが，社会的保守の価値観については正反対の符号を示している。この点に関しては整合的な解釈は難しいが，先にも述べたとおり，経済政策リスク態度の質問文の場合，「成功すれば効果は大きいが，失敗する可能性が高い政策」が安倍政権の経済政策を投影してしまっている可能性がある。つまり，社会的保守の立場から安倍政権を支持する人が，この選択肢を安倍政権の政策を指すものと解釈し，これにも支持を示したということかもしれない。また，一般的リスク態度の場合には有意にならなかったが，経済政策リスク態度の場合有意になったものとして疎外感の尺度がある。これは自らを異端であると自覚する有権者がハイリスク・ハイリターンの経済政策を望んでいるということであり，ある種の「自暴自棄」的な態度が見て取れる。

　一方で，「世の中の移り変わりを考えると，子供の将来にあまり希望がもてない」との文章に対応する黒丸が，5％に近い水準で統計的に有意な負の値を示している。つまり，将来について悲観的な態度を測定していると解釈できるこの文章に同意する人ほど，経済政策においてリスク回避的になる傾向がある。これは経済評価変数で考察したメカニズムに当てはめると，将来について利益があることを見込めない有権者は，現時点でそれを当てにして

ハイリスク・ハイリターンの賭けに興じる強い動機や余裕をもたない，ということかもしれない。

図9-2 経済政策リスク受容的態度の決定要因

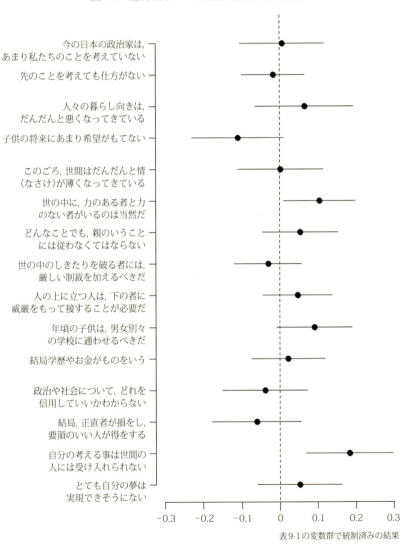

表9-1の変数群で統制済みの結果

実験による検証

　前節で述べた，安倍政権下において良い経済状態認識をもつほど，よりリスク受容的な態度をもつ，という点については別の解釈も可能である。すなわち政権発足以降，良い経済状態認識が続くことにより，不確実性が高いと思われていた安倍政権の経済政策が結果的に成功したのではないかとの信念が有権者の間に形成された，という可能性である。つまりリスクを取った結果，うまくいったとの成功体験により，リスク受容傾向が維持された，あるいは強まったのかもしれない。

　経済状態の推移によってその政権の経済政策の真のパフォーマンスについての有権者の信念が形成されるとして，上昇，下降など経済状態の特定の傾向が続けば，成功した経済政策あるいは失敗した経済政策のどちらかで評価が固まるが，経済状態が目まぐるしく乱高下すれば，その政権の経済政策の真のパフォーマンスについての不確実性は減らず，果たして成功した政策なのか，それとも失敗した政策なのか，評価が定まりにくいと考えられる。たとえば，株価について上昇傾向が続けば，その政権の経済政策は成功しているとの評価が徐々に固まるし，下降傾向が続けば，その政権の経済政策は失敗しているとの評価が徐々に固まるであろう。しかし，株価が乱高下していればどちらの方向にも評価は固まりにくい。

　その点，安倍政権は第6章でも述べたとおり，2012年12月の政権交代から2014年12月の衆院選にかけて少なくとも株価を大幅に上昇させることに成功している。これにより，安倍政権のリスクの高い経済政策は，確実に良い政策との信念が形成され，安倍政権はリスク受容的な有権者にとって魅力的な選択肢であり続けているのかもしれない。

　安倍政権のコンテクストを離れ，より一般的に考えると，これは有権者が不確実性をどの程度許容するかは，現状がどれだけ確実に良いか，あるいは確実に悪いかにかかっているということである。現状が確実に良いと思えば，有権者はそれをもたらしている現政権を支持し，不確実性の高い野党をわざわざ政権の座に就かせようとしないであろうが，もし現状が確実に悪いと思えば，有権者はそれをもたらしている現政権を見捨て，不確実性の高い未知の選択肢として野党を受け入れるようになるであろう。つまり，有権者

がどの程度リスク受容的になるかは，現政権のパフォーマンスについての有権者の信念にかかっている。

ここでは，こうした現政権が確実に悪いと思うほど，リスク受容的になり未知の政党に魅力を感じる，との仮説を簡単なサーベイ実験により検証する。このサーベイ実験は，選挙とは無関係に2011年3月10日（木）から3月14日（日）にかけて日経リサーチ社に登録されたパネルを対象に実施され，20歳以上の男女2,248名から回答を得た（登録パネルからの年齢，性別，居住地域による割当て抽出標本）[4]。このサーベイ実験の導入にあたっては，まずインターネット上で次の図9-3にある画面が示された。

これに示されるとおり，冒頭であくまで仮想的な状況であるということを断ったうえで，回答者が大学を卒業し会社に就職したこと，今後回答者の年収は景気の影響を受けて毎年変動すること，景気は政権の座にある与党の働きを反映しており，政党は政党Xと政党Yの2つがあるということが，回答者に伝えられる。さらに，1年目の年収は500万円だったということと，現在の与党が政党Xであるということが伝えられる。最後に，『次へ』ボタンを押すことで，2年目の年収が表示されることが伝えられる。

図9-3　実験の導入画面

▷【ある仮想的な状況についておたずねします。】

あなたは大学を卒業し会社に就職しました。
今後あなたの年収は景気の影響を受けて毎年変動します。
景気は政権の座にある与党の働きを反映しており，政党は政党Xと政党Yの二つがあります。

・1年目の年収は500万円です。
・現在の与党は政党Xです。

1年目
500万円

『次へ』ボタンを押すとあなたの2年目の年収が表示されます。

---

[4] この調査は早稲田大学経済学研究科の文部科学省グローバルCOEプログラム「制度構築の政治経済学―期待実現社会に向けて―」（GLOPE II）のプロジェクトの一環として，「政治経済に関するウェブ実験調査」という名称で実施された。筆者はこのプロジェクトのメンバーの一人として，この調査の実施に当たった。

図9-4　実験における2種類の情報刺激

・経済下降刺激（8年目）

・8年目の年収は300万円です。							
政党Xの政権							
1年目	2年目	3年目	4年目	5年目	6年目	7年目	8年目
500万円	600万円	700万円	600万円	500万円	400万円	400万円	300万円

・経済乱高下刺激（8年目）

・8年目の年収は500万円です。							
政党Xの政権							
1年目	2年目	3年目	4年目	5年目	6年目	7年目	8年目
500万円	400万円	600万円	700万円	300万円	400万円	600万円	500万円

　ここから先，回答者は2種類の刺激がそれぞれ無作為に与えられ，8年間の異なる年収の変動を経て，質問へと至る。2種類の刺激のうちの1つは，「経済下降刺激」である。この刺激においては，1年目の年収500万円から，『次へ』をクリックし，その後も1年ずつ年を経るごとに年収が変動するが，最初は2年目が600万円，3年目が700万円と上昇するものの，4年目から下降の一途をたどり，4年目が600万円，5年目が500万円，6年目が400万円，7年目が400万円，8年目が300万円となる。つまり，4年目以降の年収の動きは，確実に悪い経済をもたらすという意味で不確実性の低い政党Xとの認識を回答者に与えることが想定されている。

　一方，2種類の刺激のうちのもう1つは，「経済乱高下刺激」である。この刺激においては，1年目の年収500万円から，『次へ』をクリックし1年ずつ年を経るごとに年収が変動するが，2年目が400万円，3年目が600万円，4年目が700万円，5年目が300万円，6年目が400万円，7年目が600万円，8年目が500万円と，特定の傾向を示すことなく乱高下する。つまり，これらの乱高下は，そのパフォーマンスが良いのか悪いのかよく分からないという意味で，不確実性の高い政党Xとの認識を回答者に与えることになる。

　こうした8年間の年収の推移は，図9-4にあるように順次，画面に表示されるため回答者は常にこれを確認することができる。また，変動のパターン

は違うものの，出てくる年収額の種類は同じであり，したがって政権を通じての平均値は同じである．2つの情報刺激の違いは，同じ年収からスタートしつつも，「経済下降刺激」では途中から下がり続けて8年目は1年目よりも低い年収で終えるが，「経済乱高下刺激」では特に傾向無く，8年目は1年目と同じ年収で終えるという点である．

　　　これらの情報刺激を無作為にそれぞれ2つのグループに与えた後，次の質問がたずねられる．

> あなたは政党Xに与党にとどまってほしいと思いますか，それとも政党Yに変えたい　ですか．
>
> ・政党Xに与党にとどまってほしい
> ・政党Yに変えたい

ここで政党Xは冒頭で，そのような政党が存在する，と名前が紹介されたのみで，回答者にとってみれば何の情報も無い未知の政党，すなわちどのようなパフォーマンスを見せてくれるのかわからない，ひょっとしたら良いのかもしれないし，悪いのかもしれない不確実性の高い政党である．したがって先の理論的検討が正しければ，「経済下降刺激」を与えられ現在の与党Xが悪い意味で不確実性の低い政党であるとの信念が形成されているグループは，「経済乱高下刺激」を与えられ現在の与党Yについて良い意味でも悪い意味でもはっきりとした信念が形成されていないグループと比べて，「政党Yに変えたい」と回答する割合が高いであろう．

結果は次のとおりであった．まず「経済下降刺激」が与えられたグループ(n=1,113)の中で「政党Yに変えたい」と政権交代を希望した割合は，83.2%であった．一方，「経済乱高下刺激」が与えられたグループ(n=1,135)の中で「政党Yに変えたい」と政権交代を希望した割合は，64.85%であった．そしてこの差の，83.2－64.85＝8.35ポイントは1％水準で統計的に有意であった．これはつまり予想通りの結果であり，少なくともこの実験においては，人々は現政権が確実に悪いと思うほど，リスク受容的になり未知の政党に魅力を感じるとの仮説は高い妥当性をもつようである．

ただし今回の実験では，確実に悪い与党の場合に，不確実性の高い与党の場合と比べて，未知の野党が選ばれるということが示されたが，この結果から逆に確実に良い与党の場合に，不確実性の高い与党の場合と比べて，未知の野党が選ばれないと言えるかどうかは，一般的に悪い情報の方が良い情報よりも影響力が強いという経済評価の非対称性(Bloom and Price 1975)があるため，何とも言えない。しかしながらこの実験は，有権者の政治選択におけるリスク態度が，少なくとも与党のパフォーマンスがどれくらい確実に悪いと認識されるかにかかっている，ということを示唆しているとは言えるであろう。

まとめ

本章では，リスク態度の決定要因について探索的な分析を行うとともに，実験を用いて経済評価にもとづく与党の不確実性の度合いが，リスク態度に及ぼす影響について検討した。その中で，以下のことが示された。

第一に，一般的リスク態度について，男性ほど，年齢が高いほど，大卒ほど，将来についての良い経済認識をもっているほど，将来についての良い暮らし向き認識をもっているほど，リスク受容的であった。また，他人に対する不信感が強い人ほど，弱肉強食のリアリスト的世界観を持つ人ほど，他罰傾向が強い人ほど，強いリーダーシップを志向する人ほど，一般的な意味でリスク受容的な態度をもっていた。

第二に，経済政策リスク態度について，男性ほど，現在についての良い経済認識をもっているほど，将来についての良い経済認識をもっているほど，将来についての良い暮らし向き認識をもっているほどリスク受容的であった。また，弱肉強食のリアリスト的世界観を持つ人ほど，社会的保守の価値観を持つ人ほど，社会から疎外感を感じている人ほど，リスク受容的な態度をもっていた。

第三に，実験において，与党が確実に悪い選択肢であるとの信念が形成された場合，そうした信念が形成されなかった場合と比べて，未知の野党が好まれる割合が高かったことから，政治選択における有権者のリスク態度は現状が確実に悪いほど，リスク受容的になることが示唆された。

なお本書での分析では，リスク態度は変化するのか，変化するとして何に

よって変化するのか,というリスク態度のダイナミズムについての問いは,パネルデータではないというデータの制約上,本書では取り上げることができなかった。しかし,本章の分析からあえて大胆に推論するのであれば,絶対的な意味での経済状態の変化が,リスク態度の変化をもたらすのではないかと考えられる。つまり確実な利益を棒に振る可能性をとる余裕があるくらい,絶対的な水準で経済的基盤がある場合には,本章で示したように良い経済状態やその見込みはさらなるリスクをとる余裕を与え,有権者をリスク受容的にさせる。しかしあまりの貧困で絶対的な意味での経済的基盤が無い場合,プロスペクト理論が主張するように,確実な利益があるならそれを棒に振ることなく,それを確保しようとするという意味で,リスク回避的に意思決定するであろう。要するにある水準以上で推移する短期的な景気の変動ではなく,生活水準の低下により,さらに経済的利益を失うことによって生命まで脅かされると言ったくらいの劇的な変化がリスク態度の変化を促す可能性がある。

とは言えそこまで深刻な経済的損失が無くとも,短期的な景気の変動も,同じ方向に動き続ければ,その変動をもたらしている政党などの政治的行為主体の能力に関する信念の形成へとつながり,有権者が与党に対して悪い意味で確実性が高いという信念を形成すればするほど,能力が未知数で不確実性の高い野党に魅力を感じて投票するというリスク受容的な行動を起こすようになる可能性がある。

近年,仮にリスク受容的な有権者が増えているのだとすれば,それは1990年代初頭のバブル崩壊以降の長期にわたる経済的な不振により,絶対的な意味での経済基盤が脅かされた有権者が多数いたことが原因として考えられる。さらに,2012年12月の民主党から自民党への政権交代は,与党としての民主党下で経済が悪化し続け,民主党が悪い意味で確実性の高い選択肢であるとの信念が有権者の間に形成され,ハイリスク・ハイリターンの経済政策を掲げる不確実な選択肢としての自民党が選ばれた結果起こったと考えられる。そして,その後自民党が少なくとも株価などの点において良好な経済状態を作り出したことから,2012年の自民党投票はリスクを取った行動による成功体験となり,有権者のリスク態度を補強したのかもしれない。

次章では本書のこれまでの分析結果をふまえて,こうしたリスク受容的有権者が代表民主制に与える影響について理論的に検討する。

第10章
リスク受容的有権者と代表民主制

　本書を通じて，近年の日本の選挙政治におけるリスク受容的有権者の重要性を示してきた。こうしたリスク受容的有権者は日本の政治，とりわけ代表民主制に何をもたらすのであろうか。リスク受容的有権者は，代表民主制において「良い」効果をもたらすのか，それとも「悪い」効果をもたらすのか。最終章となる本章では，本書の知見をもとにかなり大胆な推論を交えつつ，こうした問題に若干の考察を加えたい

代表民主制の機能

　代表民主制(representative democracy)は，国家の主権者として人々が自らの権利を行使するための制度である。主権者としての権利とは，政府が何をするのか，あるいは何をしないのか，また政府が誰から何をどれだけ取り，誰に何をどれだけ与えるのかという政治的決定を行う権利のことを指す。しかし，有権者がどこか一堂に会して，そうした国家レベルの決定を行うことは現実的ではない。時間的にも物理的にも不可能であるし，そもそも個々の有権者はそのような高度な政治的判断をするだけの知識を持たない可能性が高い(Delli Carpini and Keeter 1997)。そこで有権者を代表して政治的決定を行うのが，政治エリートとしての政治家である。
　政治家は選挙において有権者の投票によって選ばれる。選挙で選ばれた政治家は，有権者の利益のために政治を行う。ただし一旦選挙で選ばれた政治家は単に有権者の意見をそのまま代表し常にそれに拘束されるわけではなく，自らの意思で物事を決める裁量をもっている。政治家は時にはその時の

有権者の意思に反してでも、有権者のより長期的な利益を考慮しつつ、専門的知識や信念にもとづいて自らが最善と信じる判断を行うことができる。それは代表民主制の強みである（待鳥 2015）。

しかし一方で政治家はそうした裁量を利用して、有権者の利益に反した自らの私的な利益を追求することもできる。例えば、国民から集められた税金を政治家が私的な目的のために利用したり、自らの支持者に優先的に分配したりすることで、有権者全体としては不公平あるいは非効率な政策が実施されることになる（e.g., Besley 2006）。

そこで有権者は、代理人たる政治家が私的利益を追求せず、有権者の意思を実行するように、つまり自らに対して応答性を高めるように、政治家をコントロールする必要がある。代表民主制において、それは選挙を通じて行われる。すなわち、次の選挙での再選を目指す政治家は、有権者の票を獲得するために、任期中有権者のために仕事をし、有権者の利益を実現する必要がある。さもないと次の選挙で有権者は自らの代理人として別の候補者を選ぶため、有権者の利益を実現しなかった「罰」として現職は落選してしまうであろう。このように代表民主制においては、政治家にあくまで再選という私的利益の実現を目指すために有権者の利益を実現しようとする動機を与えることによって、有権者は代理人としての政治家をコントロールすることが想定されている。

しかし実態として、現代の代表民主制は必ずしもそのように機能していない。たとえば日米韓の3カ国の代表民主制の機能を検証した小林ら（2014）によると、政党や候補者は選挙で掲げた公約とはかけ離れた政治活動を行っているにもかかわらず、有権者がそれを必ずしも罰してはいないという。こうした状況下では、いくら自らに与えられた裁量を用いて私的利益を追究しようとも、罰され落選することはないため、政治家はそれを止める動機をもたない。

有権者の能力

そこで代表民主制を機能させる上で不可欠なのが、有権者が能力を高めるということである。より具体的に、有権者は政治における重要な争点について、賛成であれ反対であれ中立であれ自らの意見をしっかりもち、選挙にお

いて各候補者や政党がどのような争点についてどのような主張を行っているのか理解し，とりわけ現職の候補者や与党がどのような実績を上げているのか正確に把握する必要がある。そして，自らの意見と照らして，どの候補者や政党がそれに近い主張を行っているのか，あるいは現職や与党が自らの利益のために働いているのかを見極め，最も自分の利益を実現してくれそうな候補者や政党に投票する必要がある。もしこうした条件が整っているのであれば，政治家にとって与えられた裁量を利用して私的利益を追究することは難しくなるであろう。

　このような観点からすると，リスク受容的有権者の存在はどのような意味をもつのであろうか。まず良い面から考えると，リスク受容的有権者は政治家にとって怖い存在であろう。本書の分析では，有権者のリスク態度は政党支持態度とは独立した影響を，投票選択や政策への支持に与えていた。政党支持は，「政府支持の基礎」（猪口1983, 110）とまで言われ，政権に対する支持に対して安定性をもたらしてきた。与党を支持する有権者は，内閣を合理的な業績判断とは別の政党への心理的愛着（Campbell et al. 1960）でもって評価するため，内閣支持の「重石」として働く。すなわち，経済が悪くなろうと汚職が起ころうと，政党支持をもつ有権者の間では内閣支持は大きく変動することはない。与党や現職議員にとって，このような有権者は応答性を高めなくても支持してくれるため，「ありがたい」存在である。

　一方，リスク受容的有権者とは，現職の政治家や政権が，悪い意味で不確実性が低い，つまり確実に悪い選択肢であると思えば，よく知らない新しい選択肢としての野党に魅力を感じる有権者である。すなわち，このままではほぼ間違いなく状況は悪化するばかりであると思えばそれを打開するべく，失敗して今より悪くなるかもしれないが，良くなる可能性もあるという意味でリスクの高い，大胆な現状変更を掲げる野党を支持するようになるであろう。いわばリスク受容的有権者は，政権の悪いパフォーマンスが続くことに対して単なる与党支持者のように忍耐強くなく，与党としてはより緊張感のある政権運営を強いられることになる。

　さらに，リスク受容的態度は脱物質的価値観と相まって人々の間の社会関係資本の形成を促し（池田・小林 2005），それが政治参加に結びつく可能性があると言う。実際，本書の分析では，リスク受容的な態度は投票やデモの有効性認識を高めること，そして政治への期待が裏切られた場合でもなお

スク受容的な有権者は政党や政治家への信頼を維持しやすいことが示された。これらを合わせて考えると，変化をためらわず活発に政治に参加するリスク受容的有権者は，民主的制度は肯定しつつも政府に対しては懐疑的な態度をもつとされる批判的市民(Norris 1999)に近い存在なのかもしれない。

また，とりわけ1990年代初頭以降，内閣支持率の変動は大きくなり(細貝 2011)，内閣が短命に終わることが多くなったが，こうした現象は通常，不景気に伴う政権の経済パフォーマンスの悪化や，無党派層の増大と関連付けて論じられることが多かった。しかし本書の内容に引きつけて考えるなら，こうした現象の背後にはやはりリスク受容的有権者の存在があると考えられる。すなわち，1990年代初頭以降，政権のパフォーマンスが継続して悪かったことから，リスク受容的有権者は常に新たな一発逆転の「ギャンブル」の対象として，次々に新しい，未知の政治家，政党に魅力を感じ投票したのではないか。いずれにせよ，こうしたリスク受容的有権者の存在は政治に緊張感を与え，政府の応答性を高める可能性があるという点で代表民主制にとって好ましいものであると言える。

次に有権者の能力という点において，リスク受容的有権者の代表民主制に対する悪い影響を考えるなら，それは，リスク受容的有権者は他人に厳しく利己的であるということに尽きる。本書の分析から，リスク受容的有権者の特徴として，他人に対する不信感，弱肉強食のリアリスト的世界観，他罰傾向，強いリーダーシップ志向というものが浮かび上がった。反対に，良い意味でも悪い意味でも共同体の一体性を重視する社会的保守主義とはリスク受容的有権者は無縁である。このような態度をもつ有権者に支持される政権が実施する政策は，いわゆる社会的弱者にとって苛烈なものになる可能性が高い。そしてこうした苛烈な政治は社会の分断を生み，政府の政策に対して不満をもつ有権者は政治に対する信頼感を低下させるかもしれない(Citrin and Green 1986)。安倍政権の政策選好も決してこうしたリスク受容的有権者の性質と無縁ではないであろう。

有権者と政治家との間の情報の非対称性

代表民主制を機能させる上で最も重要なのが有権者の能力であるとは言え，いくら有権者の能力が高くとも克服しがたい根本的な問題が存在す

る。それは有権者と政治家との間の情報の非対称性である(Rogoff and Sibert 1988)。有権者の意見に近い政策を実施したり，あるいは良い経済状態を望む有権者の思いに応えたりすることで，次の選挙で再選できるということを前提に，与党は選挙の前になるとその実績を有権者に対して強調する。問題は，ここで与党によって主張される実績がどの程度本当なのか，有権者がいくら優れていようとも完全にはわからないということである。たとえば，与党は株価が上がったとか，失業率が下がったとか実績を強調するかもしれないが，それは実態を伴うものではなく，金融政策による為替相場の操作の一時的な影響かもしれないし，選挙のタイミングに合わせた公共事業や，給付金などいわゆるバラマキ的な財政政策を行ったことによる一時的な景気浮揚の結果かもしれない。また，与党は公約を達成したと具体的な数字を上げて宣伝するかもしれないが，実は悪い数字はあえて隠している可能性がある。これは何も政府・与党だけに限ったことではなく，野党も含めあらゆる政党や政治家が自らの実績や公約を有権者に売り込む際に当てはまることである。

　こうした，有権者は知らないが，政治家は知っているという情報の非対称性は代表民主制が機能する上での妨げとなる。これにより有権者は自分たちの利益を実現した政治家を選挙で勝たせる一方，自分たちの利益を損ねた政治家を選挙で負けさせるといった，代表民主制下での「正しい」選択ができないかもしれない。つまり，実際には実績が無い政治家が選挙で有権者の信任を得てしまうかもしれない。

　もちろん，多くの有権者はこうした政治家による選挙前の実績のアピールが，選挙目当ての嘘であり自分が騙されるという可能性があることを知っている。あるいは選挙中の公約が，選挙目当ての「絵に描いた餅」である可能性を知っている。しかしそれでもなお政治家によるこうした試みが行われるのは，良い経済状態やあるいは公約が実質を伴ったものなのか，それとも単にでっち上げられたものなのか，有権者にとって確かめる方法がないからである。

　そうである以上，政治家が主張する優れた実績や壮大な公約を有権者は最初から疑ってかかることはできない。というのも，もし政治家が主張する実績が本当のものであった場合，あるいは公約に示された政策が実効性の高いもので合った場合，有能な政治家を政治の場から追放することになるからである。つまり，政治家と有権者との間で政治や経済の実態について知ってい

ることに違いがある以上，有権者は政治家による実績や公約のアピールが選挙目当てだとわかっていても，それだけでその政治家を支持しないわけにはいかない。したがって，政治家はどんな場合でも実績や公約を大きくアピールする動機をもつ。

　これらのことをふまえて，代表民主制におけるリスク受容的有権者の存在はいったい何を意味するのであろうか。リスク受容的有権者は，不確実な選択肢を好む有権者である。大きく利益を得る可能性を得るためには，大きく損失を被る可能性があることも厭わない。そのような有権者にとって，実績を大きくアピールしたり，あるいは効果が高いことを謳った大胆な政策を掲げたりする政党は，たとえそれが誇大あるいは実現不可能である可能性があったとしても魅力的に映る可能性がある。一方，リスク回避的な有権者はそうした不確実性の高い実績や公約を掲げる政党に直面したとき，主張される実績が負の影響をあえて無視した誇大なものである可能性や，公約が実は実現不可能である可能性を考慮して，投票先を決める際にはより慎重になるであろう。

　これはリスク受容的な有権者の良い面と悪い面とを示している。良い面としては，こうしたリスクを厭わない有権者がいることによって，大胆な改革が進むということがある。改革にはリスクがつきものであるということを考えれば，仮に有権者の大部分がリスク回避的であまりに変化を嫌う場合，どのような改革も実現することは難しい。少子高齢化とそれに伴う人口減少，雇用の不安定化と経済格差の増大，政府の財政赤字など現在日本が直面する問題を考えると，何もしないでただ現状を維持するだけでは，着実に最悪の結果へと向かうだけである。それならば，失敗する可能性が高くても大きく挽回できるような大胆な政策に賭けたい。こうした有権者の心理が，アベノミクスやあるいは大阪維新の会が掲げる「大阪都構想」への支持に繋がっているのであろう。

　ただしこれが良い結果を生むのはあくまで改革の実績や，公約に掲げられた政策の中身が実質を伴った場合に限っての話である。上でも述べたとおり，選挙で勝つことを考えたとき，政治家はいくらでも「大風呂敷」を広げる動機をもつ。昨今，それが有権者に好まれるというのであればなおさら「大風呂敷」を広げた者勝ちである。そして，もし仮にそれが実質を伴っていなければ，実は誇大に実績をアピールしただけの無能な政治家が再選さ

れ，実現が不可能な政策が実行されるだけである。これではさらなる政治の停滞，さらには人々の生活の混乱を招いてしまう。不確実性を好むというリスク受容的な有権者の危険性は，こうしたただの「大風呂敷」に騙されるという可能性をはらんでいるということにある。

残された研究課題

　以上本章では，本書の知見をもとにかなり大胆な推論を交えつつ，代表民主制におけるリスク受容有権者の功罪について若干の考察を行った。ここでの考察は，多くの「かもしれない」との表現からもわかるように，本書でのデータ分析の結果だけでなく，経験的に検証されていない多くの前提に依拠している。したがって，ここでの議論をより確かなものにするため，そうした前提に経験的な根拠を与えていくことが今後に残された研究課題である。

　とりわけ本書で扱えなかった重要な問題として，リスク態度の変化がある。果たして有権者は近年，よりリスク受容的になっているのか，それとも変わらないのか。筆者としては実際，有権者はリスク受容的になってきていると見ている。そしてそのことにより，上でも触れたとおり1990年代初頭以降の内閣支持率の大きな変動，数々の短命内閣の存在，アベノミクスへの支持，安保法制への（消極的にせよ）支持，「大阪都構想」への支持など日本政治における数々の重要な政治現象が説明できると考えている。願わくは今後，1回の選挙ごとのデータではなく，長期パネルデータとして同じ有権者のリスク態度について定期的に測定することで，こうした課題に取り組みたい。

参考文献

日本語（五十音順）

安倍晋三. 2013.『新しい国へ：美しい国へ完全版』文春新書.
飯田健. 2009.「『失望』と『期待』が生む政権交代：有権者の感情と投票行動」田中愛治・河野勝・日野愛郎・飯田健・読売新聞世論調査部『2009年，なぜ政権交代だったのか：読売・早稲田の共同調査で読みとく日本政治の転換』勁草書房, 131-152.
池田謙一・小林哲郎. 2005.「環太平洋地区における価値観と社会・政治参加，もう1つの側面」小林良彰編『日本における有権者意識の動態』慶應義塾大学出版会, 229-253.
猪口孝. 1983.『現代日本政治経済の構図：政府と市場』東洋経済新報社.
今井亮佑. 2008.「分割投票の分析：候補者要因，バッファー・プレイ，戦略的投票」『レヴァイアサン』43, 60-92.
今井亮佑・日野愛郎. 2011.「『二次的選挙』としての参院選」『選挙研究』27-2, 5-19.
大竹文雄・富岡淳. 2003.「誰が所得再分配政策を支持するのか？」『内閣府経済社会総合研究所ディスカッション・ペーパー・シリーズ』40, 1-28.
小川一夫. 1991.「所得リスクと予備的貯蓄」『経済研究』42: 139-152.
蒲島郁夫. 1988.『政治参加』東京大学出版会.
———. 1992.「89年参院選：自民大敗と社会大勝の構図」『レヴァイアサン』10, 7-31.
———. 1994.「新党の登場と自民党：一党優位体制の崩壊」『レヴァイアサン』15, 7-31.
木村高宏. 2003.「衆議院選挙における退出と抗議」『選挙研究』18, 125-136.
河野勝. 2009.「変容する日本の衆院選：政党システム，候補者，そして有権者」田中愛治・河野勝・日野愛郎・飯田健・読売新聞世論調査部（編）『2009年，なぜ政権交代だったのか：読売・早稲田の共同調査で読みとく日本政治の転換』勁草書房, 59-80.
小林良彰・岡田陽介・鷲田任邦・金兊希. 2014.『代議制民主主義の比較研究：日米韓3ケ国における民主主義の実証分析』慶應義塾大学出版会.
品田裕. 1999.「新選挙制度下の分割投票」『神戸法学雑誌』49, 57-79.
善教将大・石橋章市朗・坂本治也. 2012.「大阪ダブル選の分析：有権者の選択と大阪維新の会支持基盤の解明」『関西大学法学論集』62-3, 247-344.
善教将大. 2013.『日本における政治への信頼と不信』木鐸社.
田中愛治. 1992.「『政党支持なし』層の意識構造と政治不信」『選挙研究』7, 80-99.
———. 1997.「『政党支持なし』層の意識構造：政党支持概念再検討の試論」『レ

ヴァイアサン』20, 101-129.
谷口将紀. 2012.『政党支持の理論』岩波書店.
土居丈朗. 2004.「貯蓄率関数に基づく予備的貯蓄仮説の実証分析」『経済分析』174: 97-176.
西澤由隆. 2000.「二票制のもとでの政策評価投票：一九九六年衆議院衆院選と投票モデル」『同志社法学』52: 1-25.
西澤由隆. 2004.「政治参加の二重構造と『関わりたくない』意識—Who said I wanted to participate?」『同志社法学』296号: 1-29.
平野浩. 1998.「選挙研究における『業績評価・経済状況』の現状と課題」『選挙研究』13, 28-38.
細貝亮. 2011.「内閣支持率の時系列分析：93年以降のデータを中心に」『日本世論調査協会報』107: 15-19.
待鳥聡史. 2015.『代議制民主主義：「民意」と「政治家」を問い直す』中央公論新社.
三浦麻子・楠見孝. 2015.「批判的思考態度・リスクに対する態度と投票行動：2012年衆議院選挙と2013年参議院選挙のSwing voteの分析」『選挙研究』30-2, 49-59.
三宅一郎. 2001.『選挙制度変革と投票行動』木鐸社.
山田真裕. 2004.「投票外参加の論理：資源，指向，動員，党派性，参加経験」『選挙研究』19: 85-99.
山田真裕. 2010.「2009年衆院選における政権交代とスウィング・ヴォーティング」『選挙研究』26: 5-14.
吉田真吾. 2012.『日米同盟の制度化：発展と深化の歴史過程』名古屋大学出版会.

英語（アルファベット順）

Alesina, Alberto and Howard Rosenthal. 1995. *Partisan Politics, Divided Government and the Economy*. New York, NY: Cambridge University Press.

Alvarez, R. Michael and John Brehm. 1997. "Are Americans Ambivalent Toward Racial Policies?" *American Journal of Political Science* 41: 345-374.

Anderson, Christopher J., Andre Blais, Shaun Bowler, Todd Donovan, and Ola Listhaug. 2005. *Losers' Consent: Elections and Democratic Legitimacy*. Oxford, UK: Oxford University Press.

Anderson, Christopher J. and Christine A. Guillory. 1997. "Political Institutions and Satisfaction with Democracy: A Cross-National Analysis of Consensus and Majoritarian Systems." *American Political Science Review* 91: 66-81.

Austen-Smith, David. 1987. "Interest Groups, Campaign Contributions, and Probabilistic Voting." *Public Choice* 54: 123-139.

Bartels, Larry M. 1986. "Issue Voting Under Uncertainty: An Empirical Test." *American

Journal of Political Science 30: 709-728.

——. 2008. *Unequal Democracy: The Political Economy of the New Gilded Age*. Princeton, NJ: Princeton University Press.

Berinsky, Adam J. and Jeffrey B. Lewis. 2007. "An Estimate of Risk Aversion in the U.S. Electorate." *Quarterly Journal of Political Science* 2: 139-154.

Besley, Timothy. 2006. *Principled Agents?: The Political Economy of Good Government*. New York: Oxford University Press.

Bloom, Howard S. and Price, H. Douglas. 1975. "Voter Response to Short-Run Economic Conditions: The Asymmetric Effect of Prosperity and Recession." *American Political Science Review* 69: 1240-1254.

Brambor, Thomas, William Clark, and Matt Golder. 2006. "Understanding Interaction Models: Improving Empirical Analyses." *Political Analysis* 14: 63-82.

Burden, Barry C., and David C. Kimball. 1998. "A New Approach to the Study of Ticket Splitting." *American Political Science Review* 92: 533-544.

Cameron, Charles M. and James M. Enelow. 1992. "Asymmetric Policy Effects, Campaign Contributions, and the Spatial Theory of Elections." *Mathematical and Computer Modeling* 16-8/9:117-132.

Campbell, Angus, Phillip E. Converse, Warren E. Miner, and Donald E. Stokes. 1960. *The American Voter*. New York: John Wiley.

Cha, Victor D. 1999. "Engaging China: Seoul-Beijing Détente and Korean Security." *Survival* 41:73-98.

Christensen, Thomas J. 1999. "China, the U.S.-Japan Alliance, and the Security Dilemma in East Asia." *International Security* 23: 49-80.

Cicchetti, Charles J., and Jeffrey A. Dubin. 1994. "A Microeconometric Analysis of Risk Aversion and the Decision to Self-Insure." *Journal of Political Economy* 102: 169-186.

Citrin, Jack, and Donald. P. Green. 1986. "Presidential Leadership and the Resurgence of Trust in Government." *British Journal of Political Science* 16, 431-453.

Conover, Pamela Johnston, and Virginia Sapiro. 1993. "Gender, Feminist Consciousness, and War." *American Journal of Political Science* 37: 1079-1099.

Cox, Gary W. 1994. "Strategic Voting Equilibria under the Single Nontransferable Vote." *American Political Science Review* 88: 608-621.

Dalton, Russell J. *Citizen Politics: Public Ipibion and Political Parties in Advanced Industrial Democracies*, 3rd edition. New York, NY: Chatham House Publishers.

Davis, Otto A., Melvin J. Hinich, and Peter Ordeshook. 1970. "An Expository Development of a Mathematical Model of the Electoral Process." *American Political Science Review* 64: 426-448.

Delli Carpini, Michael X., and Scott Keeter. 1997. *What Americans Know about Politics and Why It Matters*. New Haven, CT: Yale University Press.

Dohmen, Thomas, Armin Falk, David Huffman, Uwe Sunde, Jürgen Schupp, and Gert G. Wagner. 2011. "Individual Risk Attitudes: Measurement, Determinants, and Behavioral Consequences." *Journal of the European Economic Association* 9: 522-550.

Donkers, Bas, Bertrand Melenberg, and Arthur Van Soest. 2001. "Estimating Risk Attitudes Using Lotteries: A Large Sample Approach." *Journal of Risk and Uncertainty* 22: 165-195.

Ehrlich, Sean, and Cherie Maestas. 2010. "Risk Orientation, Risk Exposure, and Policy Opinions: The Case of Free Trade." *Political Psychology* 31: 657-684.

Enelow, James, and Melvin J. Hinich. 1981. "A New Approach to Voter Uncertainty in the Downsian Spatial Model." *American Journal of Political Science* 25: 483-493.

Er, Lam Peng. 1996. "The Japanese Communist Party: Organization and Resilience in the Midst of Adversity." *Public Affairs* 69:361-379.

Feinberg, Robert M. 1977. "Risk Aversion, Risk, and the Duration of Unemployment." *The Review of Economics and Statistics* 59: 264-271.

Fiorina, Morris P. 1981. *Retrospective Voting in American National Elections*. New Haven, CT: Yale University Press.

———. 1992. *Divided Government*. New York: Macmillan.

Franklin, Charles H. 1991. "Eschewing Obfuscation?: Campaigns and the Perception of U.S. Senate Incumbents." *American Political Science Review* 85: 1193-1214.

Gurr, T. Robert. 1970. *Why Men Rebel*. Princeton, NJ: Princeton University Press.

Hetherington, Marc J., and Thomas J. Rudolph. 2008. "Priming, Performance, and the Dynamics of Political Trust." *Journal of Politics* 70: 498-512.

Hetherington, Marc J. 2005. *Why Trust Matters: Declining Political Trust and the Demise of American Liberalism*. Princeton, NJ: Princeton University Press.

Hinich, Melvin J., and Michael C. Munger. 1994. *Ideology and the Theory of Political Choice*. Ann Arbor, MI: University of Michigan Press.

———. 1997. *Analytical Politics*. New York, NY: Cambridge University Press.

Hirano, Hiroshi. 2004. "Split-ticket Voting under the Mixed Electoral Systems in Japan." 『選挙学会紀要』2: 19-37.

Hofstede, Geet, Gert Jan Hofstede, and Michael Minkov. 2010. *Cultures and Organizations: Software of the Mind*, 3rd edition. London: McGraw Hill（岩井紀子・岩井八郎訳. 2013.『多文化社会：違いを学び共存の道を探る』有斐閣）.

Iida, Takeshi. 2016. "Surging Progressives in the Conservative Mood: The Conditional Effects of Income and Urbanism in the 2014 Japanese Lower House Election." *Asian Journal of Comparative Politics 1*.

Izumikawa, Yasuhiro. 2010. "Explaining Japanese Antimilitarism: Normative and Realist Constraints on Japan's Security Policy." *International Security* 35:123-160.

Jullien, Bruno, and Bernard Salanie. 2000. "Estimating Preferences under Risk: The Case of Racetrack Bettors." *Journal of Political Economy* 108: 503-530.

Kahneman, Daniel, and Amos Tversky. 1979. "Prospect Theory: An Analysis of Decision under Risk." *Econometrica* 47: 263-291.

Kam, Cindy D., and Elizabeth N. Simas. 2010. "Risk Orientations and Policy Frames." *Journal of Politics* 72: 381-396.

Kam, Cindy D. 2012. "Risk Attitudes and Political Participation." *American Journal of Political Science* 56: 817-836.

Key, V. O. 1966. *The Responsible Electorate: Rationality in Presidential Voting 1936-1960*. Cambridge, MA: Belknap Press.

King, Gary, Robert O. Keohane, and Sidney Verba. 1994. *Designing Social Inquiry: Scientific Inference in Qualitative Research*, Princeton, NJ: Princeton University Press(真渕勝監訳. 2004.『社会科学のリサーチ・デザイン―定性的研究における科学的推論』勁草書房).

Knight, Frank H. 1921. *Risk, Uncertainty, and Profit*. Boston, MA: Houghton Mifflin Company.

Lacy, Dean, and Philip Paolino. 1998. "Downsian Voting and the Separation of Powers." *American Journal of Political Science* 24: 1180-1199.

Krauss, Ellis S. and Robert J. Pekkanen. 2013. *The Rise and Fall of Japan's LDP: Political Party Organizations as Historical Institutions*. New York: Columbia University Press.

Lewis-Beck, Michael S. 1988. *Economics and Elections: The Major Western Democracies*. Ann Arbor, MI: University of Michigan Press.

Mabane, Walter R. 2000. "Coordination, Moderation, and Institutional Balancing in American Presidential and House Elections." *American Political Science Review* 94: 37-57.

Maeda, Ko. 2008. "Re-Examining the Contamination Effect of Japan's Mixed Electoral System Using the Treatment-Effects Model." *Electoral Studies* 27: 723-731.

Marsh, Alan. 1977. Protest and Political Consciousness London: Sage.

McKelvey, Richard D., and Peter C. Ordeshook .1972. "A General Theory of the Calculus of Voting." in Herndon, James F., and Joseph L. Bernd eds. *Mathematical Applications in Political Science* VI, Charlottesville, VA: The University of Virginia Press: 32-78.

Milbrath, Lester W. 1965. *Political Participation*. IL, Chicago: Rand McNally(内山秀夫訳. 1976.『政治参加の心理と行動』早稲田大学出版部).

Mittal, Sonia and Barry R. Weingast. 2013. "Self-Enforcing Constitutions: With an Application to Democratic Stability in America's First Century." *Journal of Law, Economics, & Organization* 29: 278-302.

Mulgan, Aurelia George. 2013. "Farmers, Agricultural Policies, and the Election." In *Japan Decides 2012: The Japanese General Election*, ed. Robert Pekkanen, Steven R. Reed and

Ethan Sheiner. New York: Palgrave Macmillan, 213-224.

Morgenstern, Scott, and Elizabeth Zechmeister. 2001. "Better the Devil You Know than the Saint You Don't?: Risk Propensity and Vote Choice in Mexico." *Journal of Politics* 63: 93-119.

Norris, Pippa. 1999. *Critical Citizens: Global Support for Democratic Government*. New York: Oxford University Press.

Natori, Ryota. 2016. "Split-ticket Voting under the Mixed Electoral System." Paper presented at the Annual Meeting of the Southern Political Science Association, San Juan, Perto Rico.

Norris, Pippa. 1999. *Critical Citizens*. Oxford, UK: Oxford University Press.

O'Neill, Barry. 2001. "Risk Aversion in International Relations Theory." *International Studies Quarterly* 45: 617-640.

Yamada, Masahiro and Yoshikuni Ono. 2016. "Why so Many "Don't Know" Responses in Japan?: Social Influence on Political Opinion Formation." Paper presented at Annual Meeting of the Southern Political Science Association, San Juan, Perto Rico.

Reif, Karlheinz and Hermann Schmitt. 1980. "Nine Second-Order National Elections: A Conceptual Framework for the Analysis of European Election Results." *European Journal of Political Research* 8: 3-44.

Riker, William and Peter Ordeshook. 1968. "A Theory of the Calculus of Voting." *American Political Science Review* 62: 25-42.

Rogoff, Kenneth, and Anne Sibert. 1988. "Elections and Macroeconomic Policy Cycles." *Review of Economic Studies* 55: 1-16.

Savage, Leonard J. 1954. *The Foundations of Statistics*. New York: John Wiley.

Shepsle, Kenneth A. 1972. "The Strategy of Ambiguity." *American Political Science Review* 66: 555-568.

Shinoda, Tomohito. 2013. *Contemporary Japanese Politics: Institutional Changes and Power Shifts*. New York: Columbia University Press.

Schupp, Jürgen, and Gert G. Wagner. 2002. "Maintenance of and Innovation in Long-Term Panel Studies: The Case of the German Socio-Economic Panel (GSOEP)." *Allgemeines Statistisches Archiv* 86: 163-175.

Snyder, Glenn. H. 1984. "The Security Dilemma in Alliance Politics." *World Politics* 36: 461-495.

———. 1997. *Alliance Politics*. Ithaca, New York: Cornell University Press.

Tomz, Michael, and Robert P. Van Houweling. 2009. "The Electoral Implications of Candidate Ambiguity." *American Political Science Review* 103: 83-98.

Verba, Sidney, Norman H. Nie, and Jae On Kim. 1978. *Participation and Political Equality: A Seven-Nation Comparison*. Cambridge, UK: Cambridge University Press(三宅一郎・蒲島郁夫・小田健著訳. 1981.『政治参加と平等：比較政治学的分析』

東京大学出版会).

Verba, Sidney, Kay Schlozman, and Henry Brady. 1995. *Voice and Equality: Civic Volunteerism in American Politics*. Cambridge, MA: Harvard University Press.

Viscusi, W. Kip., and William N. Evans. 1990. "Utility Functions That Depend on Health Stats: Estimates and Economic Implications." *American Economic Review* 80: 353-374.

von Neumann, John, and Oskar Morgenstern. 1944. *Theory of Games and Economic Behavior*. Princeton, NJ: Princeton University Press.

Wagner, Gert G., Richard V. Burkhauser, and Friederike Behringer. 1993 . "The English Language Public Use File of the German Socio-Economic Panel." *The Journal of Human Resources* 28: 429-433.

Weber, Elke U., Ann-Renee Blais, and Nancy E. Betz. 2002. "A Domain-specific Risk-attitude Scale: Measuring Risk Perceptions and Risk Behaviors." *Journal of Behavioral Decision Making* 15: 263-290.

Woodland, Bill M., and Linda M. Woodland. 1991. "The Effects of Risk Aversion on Wagering: Point Spread vs. Odds." *Journal of Political Economy* 99: 638-653.

あとがき

　筆者にとって本書は初めての単著の研究書である。学部生の時に投票行動の勉強／研究を始めて以来約20年が経ち，「投票行動」と名のつく本を出版できて本当にうれしく思う。とはいえ，もちろんただの自己満足になってはいけない。この本を執筆するに当たっては次の3つのことに留意した。

　第一に，筆者の問いを明確に打ち出すことを心がけた。政治学の本質は「謎解き」("puzzle-solving")であると思う。つまり，先行研究の知見や今までの常識によっては説明できないようなことが起きた，あるいは起こっているとして，それを新たな観点から説明する，というのが政治学の醍醐味ではないだろうか。基本的に本書は各章の中で，まずさまざまな「なぜ」という問いかけを提示し，それが先行研究や常識では必ずしもうまく説明できないことを示した上で，リスク態度によってそれを説明するという構成をとっている。本書の問いを読者と共有できれば幸いである。

　第二に，現代的な意義のある課題に取り組むように努めた。政治学の研究には，理論を検証するために事例を用いる研究と，事例を説明するために理論を用いる研究の2種類があるように思う。両者は必ずしも明確に区別できるものではないが，本書は明らかに後者の「事例のための理論」の研究に分類される。筆者はふだん，どちらかというと前者の「理論のための事例」を意識して研究を行っているが，本書では安倍政権下の有権者の政治行動に説明を与えることの現代的な意義が大きいと信じ，あえて後者の立場をとった。ただし，有権者のリスク態度という本書の中心となる概念は，日本という事例を超えた一般化可能性と学術的意義をもつものである。

　第三に，読みやすさを重視した。研究成果を公表する媒体としての書籍は研究論文とは異なる意義をもつ。研究論文の場合，ほぼ専門家にしか読まれることはないであろうが，書籍の場合，書店に流通することを通じて一般読者の手に取られる可能性がある。そうである以上，こうした一般読者の存在を無視することはできない。したがって，本書ではとりあえず何でも分析し

図表にしてみたというのではなく，筆者の主張に照らして最も重要と思われる分析だけに絞り，極力記述を簡潔にし筆者の見解を明確に打ち出すことで読みやすさを最大限高めようとした。これにより専門的な学術的研究としての質を確保しつつも，統計分析の知識や，投票行動研究一般についての関心の無い読者にも何とか最後まで読み通してもらえるものになったのではないかと思う。

　本書は大きくは，筆者がアメリカで学位を取得し帰国して以来行ってきた日本の選挙政治に関する研究の成果である。2007年10月に着任した早稲田大学では，学部時代からお世話になっている田中愛治先生のグローバルCOEのプロジェクトに加えて頂き，さまざまな分野の研究者と一緒に研究をする機会を得た。政治学では，田中先生をはじめ，河野勝先生，久米郁男先生，日野愛郎さん，今井亮佑さん，遠藤晶久さん（現・高知大学），荒井紀一郎さん（現・首都大学東京），三村憲弘さん（現・武蔵野大学），山崎新さんらから，同じ研究の方向性と関心を共有する者として大きな刺激を受けた。経済学では，船木由喜彦先生，須賀晃一先生，清水和巳先生，栗山浩一先生（現・京都大学）から，実証研究における理論やミクロ的基礎の重要性を学んだ。また筆者が初めて自分で実験をデザインし実施したのは，社会心理学の渡部幹先生（現・モナシュ大学マレーシア校）の下でであった。

　さらに2011年10月に着任した神戸大学では，これまでにも増して研究に専念できる環境を頂くことができた。品田裕先生，大西裕先生，曽我謙悟先生（現・京都大学），多湖淳さん，藤村直史さんからは筆者の研究に対して常に温かい励ましと研究上のサポートを得た。とりわけ当時大学院生であった秦正樹さん（現・北九州市立大学）の，RAというより共同研究者としての存在は非常に大きかった。また，関西の美点の1つである大学の枠を超えた数々の研究会を通じて，待鳥聡史先生（京都大学），建林正彦先生（京都大学），松本俊太さん（名城大学），辻陽さん（近畿大学），中村悦大さん（愛知学院大学），砂原庸介さん（神戸大学），善教将大さん（関西学院大学），大村華子さん（関西学院大学），平野淳一さん（甲南大学），矢内勇生さん（国際大学）から学ばせて頂くことができた。

　そしてもちろん，本書の研究の直接の母体である文部科学省科学研究費補助金・特別推進研究「政権交代期における政治意識の全国的時系列的調査研

究」の代表である小林良彰先生(慶應義塾大学)をはじめ,平野浩先生(学習院大学),山田真裕先生(関西学院大学),谷口将紀先生(東京大学),名取良太先生(関西大学)からは常々叱咤激励を頂いている。とりわけ本研究にとって重要であったのが平野先生であった。本書の原型となる論文を初めて報告したのは2013年の日本政治学会であったが,討論者の一人から筆者の研究の意義を根本的に否定するようなコメントを頂戴したとき,もう一人の討論者であった平野先生は開口一番,研究の意義を大いに評価し擁護して下さった。あの一言が無ければこの研究自体無かったかもしれない。

また筆者は帰国後5年半の間,3つの任期付教員の職を渡り歩いたが,この間,研究分野は異なれど当時同じような境遇にあり,共に将来への不安を嘆き愚痴を垂れあった方々がいる。西川賢さん(津田塾大学),勝間田弘さん(東北大学),籠谷公司さん(大阪経済大学)からは,それぞれ個別の関係において大きなモラルサポートを得た。

学部時代から一貫してご指導頂いているのは西澤由隆先生(同志社大学)である。西澤先生からは多くを学んだが,その1つが簡潔さと明瞭さを心がける,ということである。それは問いの立て方,理論と仮説の導出,リサーチデザイン,実証分析から,文章の書き方,図表の作成の仕方など細部にまで及ぶ(学部時代に聞いた「表を作成するときは無駄な線を省き,インクあたりの情報量を最大限高めなさい」との言葉を未だに覚えている)。こうしたある意味「型」をしっかり教える教育のおかげで留学中も研究の進め方や論文の書き方ではほとんど悩むことなく,政治学の知識と統計手法の修得に専念できた。西澤先生や,同じ教育を受けたゼミの後輩の松林哲也さん(大阪大学)から見て,本書がどのように映るのか甚だ不安だが,何とか及第点を頂けるよう祈りたい。

本書の出版において最もお世話になったのは木鐸社の坂口節子さんである。2012年ごろ論文の原稿についての坂口さんとの電話でのやりとりの中で「飯田先生は本を書かれないのですか」とたずねられたことがあった。当時筆者は日々の仕事に追われ,研究をまとめて本にするなど考えてもいなかったが,坂口さんからこのように言われたことは大きな励みとなった。今回このような形で,学部生の頃よりあこがれていた『レヴァイアサン』の木鐸社から著書を出させて頂くことができて本当にありがたく思う。

最後に家族について述べさせて頂きたい。父・佑と母・隆子は筆者の研究者を目指すという意志を尊重し全面的に応援してくれた。また妻・須美代は交際期間も含めて，大阪とテキサスでの6年間および帰国後，大阪と東京での4年間の計10年間の長きにわたる「遠距離生活」あるいは「別居生活」に耐え，筆者を常に支えてくれた。それは義父・牧野隆幸と義母・たづ子の理解無しには不可能なことであった。2014年1月上旬，ここ数年の無理がたたり，生まれつきの持病が悪化し緊急入院した。約2ヵ月弱入院し手術を受け，幸い小康を得たが，今後この状態をどれだけ長くキープできるかである。これからの人生はより多くを家族のために捧げたい。

2016年10月

飯田　健

本書のもとになった論文一覧

・第3章　政権交代—2012年12月衆院選
　飯田健．2013年．「リスク受容有権者がもたらす政治的帰結：2012年総選挙の分析」『選挙研究』29号(2)，48-59．

・第4章　政権基盤の強化—2013年7月参院選
　飯田健．2015年．「有権者のリスク態度と政権基盤の強化：2013年参院選における分割投票」『選挙研究』31号(1)，71-83．

・第5章　政策変更—2014年7月閣議決定
　Masaki Hata and Takeshi Iida. 2014. "Explaining Public Constraints on Japan's Security Policy: A Survey Experiment of the Alliance Dilemma." Working paper. （ただしこの論文はリサーチクエスチョンを第5章と共有するものの，それとは異なる手法と独立変数を用いている。）

・第6章　政権の評価—2014年12月衆院選
　Takeshi Iida. 2016. "Surging Progressives in the Conservative Mood: The Conditional Effects of Income and Urbanism on Vote Choice in the 2014 Japanese Lower House Election." *Asian Journal of Comparative Politics* 1: 6-24. （ただしこの論文はリサーチクエスチョンを第6章と共有するものの，それとは異なる独立変数を用いている。）

・第8章　リスク態度と政党への信頼
　飯田健．2014年．「2009年政権交代への失望と政治不信：有権者は合理的である「べき」か」日本政治学会，早稲田大学，2014年10月．（ただしこの論文はリサーチクエスチョンを第8章と共有するものの，それとは異なる独立変数を用いている。）

　これら以外の章はすべて描き下ろしである。

索引

あ行

アベノミクス　63, 95
アメリカ合衆国憲法　138
安全保障関連法案　110
大阪都構想　170

か行

期待効用理論　22
共産党の躍進　95
業績評価投票　43
均衡投票　60
金融緩和　63-64
経済格差　98-100
経済投票　43, 95
権威主義　155
牽制投票　60
憲法改正　64-65
個人主義　155

さ行

社会的保守主義　155
集団的自衛権　77, 110
　　集団的自衛権限定的行使容認の閣議決定　78-79
情報の非対称性　169
所得格差　→　経済格差
新自由主義　155-156
スウィング　55
政治信頼　135-136
政党支持率　41-42
戦略投票　60
組織票　97-98

た行

代表民主制　62, 165-166
動員　114
投票外参加　113, 115-116
投票率　55, 97-98

同盟　80-81

な行

内閣支持率　79
二次的選挙　58
日米同盟　65, 78, 81-83
日経平均株価　95
ねじれ　59

は行

敗者の同意　137-138
ハイパーインフレーション　64
バッファープレイヤー　60
反安保法制デモ　111-113
反原発再稼働運動　112
反乱投票　60
批判的市民　168
不確実性　22
プロスペクト理論　29, 50, 148
分割投票　59
防空識別圏　82

ま行

巻き込まれる恐怖　81
無党派　44, 168
見捨てられる恐怖　81

や行

有効政党数　40
読売新聞・早稲田大学共同調査　42

ら行

リスク　22
　　リスク態度の概念　22-23
　　リスク態度の尺度　31
　　リスク回避　24
　　リスク中立　24
　　リスク受容　24

A

American National Election Studies (ANES)　30

J

Japanese Election Study V (JES V)　19

S

SEALDs　111
Socioeconomic Panel (SOEP)　30

著者略歴

飯田　健（いいだ　たけし）
1976年　京都市生まれ
1999年　同志社大学法学部政治学科卒業
2001年　同志社大学大学院アメリカ研究科博士前期課程修了
　　　　修士（アメリカ研究）
2007年　テキサス大学オースティン校政治学博士課程修了
　　　　Ph.D. in Government
現在　　同志社大学法学部政治学科准教授
著書　　山田真裕・飯田健編著. 2009年.『投票行動研究のフロンティア』おうふう.
　　　　田中愛治・河野勝・日野愛郎・飯田健・読売新聞世論調査部. 2009年.『2009年、なぜ政権交代だったのか：読売・早稲田の共同調査で読みとく日本政治の転換』勁草書房.
　　　　飯田健. 2013年.『計量政治分析』共立出版.
　　　　飯田健・松林哲也・大村華子. 2015年.『政治行動論：有権者は政治を変えられるのか』有斐閣.

〈シリーズ〉
政権交代期における政治意識の全国的時系列的調査研究

有権者のリスク態度と投票行動
2016年11月10日第1版第1刷　印刷発行　©

著者との了解により検印省略	著　者　飯　田　　　健
	発行者　坂　口　節　子
	発行所　㈲　木　鐸　社

印刷　フォーネット　　製本　高地製本
　　　互恵印刷

〒112-0002　東京都文京区小石川 5-11-15-302
電　話 (03) 3814-4195番　　振替 00100-5-126746
FAX (03) 3814-4196番　　http://www.bokutakusha.com

(乱丁・落丁本はお取替致します)

ISBN-978-4-8332-2500-7　C3031

シリーズ「政権交代期における政治意識の全国的時系列的調査研究」JES Ⅴ　全4巻

第一巻　代議制民主主義の計量分析
小林良彰

A5判・330頁・3500円（2016年）ISBN978-4-8332-2499-4 C3031

　日本をはじめ多くの民主主義諸国で，有権者が満足していない現状がある。たとえ政党やメディアが複数あり，一定の年齢以上の市民に選挙権が付与されていても，それで有権者の民意が反映されるとは限らない。即ち「民主主義の質」（Quality of Democracy）を問う必要がある。従来の選挙研究が投票行動を被説明変数とし，有権者意識の分析を行っていたのに対して，分析の視野を代議制民主主義の機能に拡大し，意識調査データ，選挙公約データや議会議事録データ等を結合した分析を行うことで，選挙研究を代議制民主主義研究に進化させる。

第二巻　有権者のリスク態度と投票行動
飯田　健

A5判・200頁・2500円（2016年）ISBN978-4-8332-2500-7 C3031

　本書は，日本政治をケースとしつつ，投票先の変更（第3章），分割投票（第4章），政策変更への支持（第5章），投票選択（第6章），投票外参加（第7章），政治信頼（第8章）といった様々な従属変数に対するリスク態度の影響を分析することで，有権者のリスク態度の理論一般の構築を目指す。最後に本書のデータ分析の結果と知見をふまえ，リスク受容的有権者は日本の政治，とりわけ代表民主制に何をもたらすのか考察する。リスク受容的有権者は，代表民主制において「良い」効果をもたらすのか，それとも「悪い」効果をもたらすのか。

第三巻　民主党政権の失敗と日本の民主政治（仮題）
山田真裕

A5判・頁・価未定

第四巻　政権交代期の選挙と投票行動
　　　　～一党優位体制への回帰か（仮題）
名取良太

A5判・頁・価未定

［シリーズ　21世紀初頭・日本人の選挙行動］（全3巻）
政治のリアリティと社会心理
池田謙一（同志社大学社会学部）
A5判・330頁・4000円（2007年）ISBN978-4-8332-2384-3 C3031
■平成小泉政治のダイナミックス
　パネル調査JES3は21世紀初頭の小泉政権期をほぼカバーし，継続性と国際比較の標準調査項目とも一致するよう工夫してある。これらの普遍性・歴史性をふまえて，小泉政権の固有性を明確にし，更に投票行動の背景を検証する。

［シリーズ　21世紀初頭・日本人の選挙行動］
変容する日本の社会と投票行動
平野　浩（学習院大学法学部）
A5判・204頁・3000円（2007年）ISBN978-4-8332-2392-8 C3031
　選挙とは，誰が議席につくのかをめぐって政党・候補者・有権者・利益団体・マスメディアなどが繰り広げるゲームである。それは資源の配分をめぐる「政治」というより大きなゲームの一部でもある。投票行動研究をどのようにその文脈のなかに位置づけることができるかを考えたもの。

［シリーズ　21世紀初頭・日本人の選挙行動］
制度改革以降の日本型民主主義
小林良彰（慶應義塾大学法学部）
A5判・336頁・3000円（2008年）ISBN978-4-8332-2402-4 C3031
　55年体制における民主主義の機能不全は，選挙制度改革以降も解消されていない。本書はその原因を解明するもので，公約提示及び政策争点と有権者の投票行動の間の関連などを，制度改革の前後で具体的に比較し，期待される変化が生じたか否かを検証する。その精緻な分析手法は追随を許さない。

総選挙の得票分析：1958－2005
水崎節文・森　裕城著
A5判・230頁・3500円（2007年）ISBN978-4-8332-2394-2 C3031
　本書は，55年体制成立以降の衆議院総選挙に焦点を当て，各政党およびその候補者の集票構造の特性を，全国の市区町村レベルにまで細分化された得票集計データを用いて分析したものである。本書の特色は，現在選挙研究の主流となっているサーベイ・データの分析ではなく，徹底したアグリゲート・データの分析によって，日本の選挙政治の把握を志向している点にある。

変動する日本人の選挙行動（全6巻）

①政権交代と有権者の態度変容　蒲島郁夫著
A5判・316頁・2500円（2000年2刷）ISBN978-4-8332-2237-2

　3年余7波にわたるパネル調査で収集した膨大な選挙調査データを用いて，55年体制の崩壊をもたらした93年総選挙とその後の政治変動期における有権者の態度変容を実証的に分析した日本政治学にとって画期的な業績。(『朝日新聞』評)

②環境変動と態度変容　綿貫譲治・三宅一郎著
A5判・226頁・2500円（1997年）ISBN978-4-8332-2238-9

　冷戦体制の終結，グローバル化等による政治環境の変化は自民一党優位制を崩し，政党再編の引き金となった。多様化・多次元化した中での有権者の対応を深く掘り下げて分析。

③日本人の投票行動と政治意識　小林良彰著
A5判・244頁〔品切〕（1997年）ISBN978-4-8332-2239-6

　93年7月の衆院選挙にみられた政権交代と，その後の政界再編に焦点を当て，その間有権者の政治意識がどのように変化し，またそれが96年7月の総選挙にどのような投票行動として現れたのかを実証的に解明。

④転変する政治のリアリティ　池田謙一著
A5判・224頁・2500円（1997年）ISBN978-4-8332-2240-2
■投票行動の認知社会心理学　　　　　　（98年心理学会島田賞受賞）

　有権者が政治に対して感ずるリアリティとその変化を1993年衆院選から95年参院選までの投票行動・政治意識を検討することで検証する。

⑤政党支持の構造　三宅一郎著
A5判・224頁・2500円（1998年）ISBN978-4-8332-2241-9

　著者は85年刊『政党支持の分析』で「政党支持の類型」を「認知構造」を構成する諸次元の組み合わせで作ったが，本書では政党支持態度を感情構造の類型化によって示す。

⑥JESⅡ　コードブック
蒲島郁夫・三宅一郎・綿貫譲治・小林良彰・池田謙一著
A5判・1010頁・10000円（1998年）ISBN978-4-8332-2242-6

　有権者の政治意識について，1993年〜1996年10月にかけて行った7回にわたるパネル調査（JESⅡ）のデータを解読するマニュアル。

選挙制度変革と投票行動
三宅一郎著（神戸大学名誉教授）
A5判・240頁・3500円（2001年）ISBN978-4-8332-2309-6
　選挙制度改革後，2回にわたって行われた総選挙に示された有権者の投票行動の分析から，55年体制崩壊後の政治変化を読み取る三宅政治学の現在。有権者による小選挙区・比例区の2票の使い分け，一部で言われている戦略投票との関係など，著者の一貫したアプローチを新しいそれとの整合を図ることを試みる。

選挙制度と政党システム
川人貞史著（東京大学大学院法学政治学研究科）
A5判・290頁・4000円（2004年）ISBN978-4-8332-2347-8 C3031
　著者がこの十数年の間に，さまざまな分析モデルを活用して進めてきた研究の中から，「選挙制度と政党システム」に関するものを集めた論集。一貫して追求してきたテーマと分析のアプローチは発表の都度，夫々注目を集めるとともに高い評価を得てきたもの。

ソーシャル・ネットワークと投票行動
飽戸　弘編著
A5判・192頁・2500円（2000年）ISBN978-4-8332-2290-7
■ソーシャル・ネットワークの社会心理学
　90年夏，投票行動の国際比較のための共同研究事業が先進5ヵ国の研究者によって始められた。本書は，それに参加した日本チームが共通基準に基づいて十年余に及ぶ調査研究と分析を行った成果。伝統的な「組織のネットワーク」から現代的な「都市型ネットワーク」への変化に着目。

理論とテクノロジーに裏付けられた
新しい選挙制度
松本保美著（早稲田大学政経学部）
46判・200頁・2000円（2003年）ISBN978-4-8332-2344-7
　投票に関して，既に明らかになった理論的な結論を紹介することによって，現在の投票制度の非合理性を指摘・分析するとともに，それに取って代わる投票制度を提言する。同時に，その実現可能性をコンピュータ・ネットワーク技術の面から検討する。最後に大胆なアイディアを提示して，議論の叩き台とする。

政治経済学で読み解く政府の行動

井堀利宏（政策研究大学院大学）・小西秀樹（早稲田大学政治経済学術院）
A5判・320頁・4500円（2016年）ISBN978-4-8332-2495-6 C3033
■アベノミクスの理論分析
　本書は，アベノミクスに代表される最近の日本政府の経済・財政運営や金融政策などの行動について，その理論的整合性や政治的制約要因を政治経済学の視点から理論的に分析する。わが国も含め，先進諸国政府が直面する経済政策や財政金融運営の諸課題を理論的な枠組みで検証し，その問題点を抽出する

政治の数理分析入門

浅古泰史（早稲田大学政治経済学術院）
A5判・232頁・2000円（2016年）ISBN978-4-8332-2494-9 C1031
　本書は政治の数理分析について包括的に学びたい読者にとって最適な入門書。社会選択論やゲーム理論を通じて，選挙や議会のあり方，官僚や議員報酬の問題など，喫緊の政治課題に対する解決の糸口を提示する。各章末の練習問題が読者をより深い理解へと導く。